Betriebs- und Wirtschaftsinformatik

Herausgegeben von
H. R. Hansen H. Krallmann P. Mertens A.-W. Scheer
D. Seibt P. Stahlknecht H. Strunz R. Thome

Michael Klotz Petra Strauch

Strategieorientierte Planung betrieblicher Informations- und Kommunikationssysteme

Springer-Verlag
Berlin Heidelberg New York
London Paris Tokyo Hong Kong

Dipl.-Kfm. Michael Klotz
TU Berlin, FB 20, Sekr. FR 6-7
Franklinstr. 28/29, D-1000 Berlin 10

Dr.-Ing. Petra Strauch
Digital Equipment GmbH, Softwareberatungszentrum
Alt-Moabit 91, D-1000 Berlin 21

ISBN-13: 978-3-540-52461-8 e-ISBN-13: 978-3-642-84162-0
DOI: 10.1007/978-3-642-84162-0

Für Christine

Vorwort des Herausgebers

Neben dem Ziel einer rationelleren Abwicklung sich wiederholender operationaler Aufgaben wird zunehmend die Bedeutung der Informations- und Kommunikationstechnik als Voraussetzung zur Verbesserung der Markt- und Wettbewerbsbedingungen von Unternehmen nahezu aller Wirtschaftszweige und Größenklassen anerkannt. Die Wettbewerbsfähigkeit eines Unternehmens kann langfristig nur gesichert werden, wenn Informationen präzise und aktuell bereitgestellt und somit entsprechende Steuerungsmaßnahmen frühzeitig ergriffen werden. Aufgrund der starken Durchdringung aller Unternehmensbereiche mit Informations- und Kommunikationstechniken können isolierte informationstechnische Lösungen keinesfalls Wettbewerbsvorteile erzielen. Informationsbewußtes Planen und Handeln muß daher als integraler Bestandteil der Unternehmensstrategie angesehen werden. Die Planung und Gestaltung der betrieblichen Informations- und Kommunikationsstruktur wird zu den wichtigsten unternehmerischen Aufgaben der nächsten Jahre und Jahrzehnte gehören.

In vielen Unternehmen mangelt es heute jedoch an einer Einbeziehung der Informations- und Kommunikations-Strategie in die Unternehmensstrategie. Nach wie vor sind häufig lediglich größere Investitionen in Computer Hardware Element strategischer Planungen. Sollen die der Informations- und Kommunikationstechnik beigemessenen Wettbewerbspotentiale in tatsächliche Erfolge überführt werden, so muß ein strategisch-orientiertes Management der Informationsverarbeitung und Kommunikation folgende Aufgaben übernehmen:

- die Berücksichtigung der Vorgaben aus den formulierten Grundsätzen und Unternehmensstrategien;
- die Aufdeckung solcher Einsatzfelder betrieblicher Informations- und Kommunikationssysteme, die für ein Unternehmen Erfolgspotentiale darstellen;
- die Entwicklung geeigneter Strategien für den Einsatz der Informationsverarbeitung und Kommunikation;
- die Erstellung von Leitlinien für die operative Planung und Gestaltung künftiger Informations- und Kommunikationssysteme.

Aufgrund der heute oft noch vorherrschenden Einschätzung der Informationsverarbeitung als reines Mittel zur Produktivitätssteigerung fehlt es im Bereich der strategischen Planung betrieblicher Informations- und Kommunikationssysteme an Konzepten, Verfahren und Instrumentarien, wie sie etwa bei der strategischen Geschäftsfeldplanung existieren.

Betrachten wir die heute meist gängige Vorgehensweise bei der Gestaltung einer betrieblichen Informations- und Kommunikationsstruktur, so wird erkennbar, daß eine Orientierung an den strategischen Zielen des Unternehmens nur selten erfolgt. Viele Projekte zur Einführung moderner Informationstechnik kranken an ungenügenden Zielvorgaben, aber auch an der falschen Wahl des Anwendungsfeldes. Die Auswahl des neu zu gestaltenden Unternehmensbereiches wird häufig eher von subjektiven und machtpolitischen Kriterien geprägt als von sachlichen und strategisch-orientierten Faktoren. Demgemäß sind auch die mit der Einführung neuer Systeme verbundenen Ziele auf bereichsinterne operative Probleme zurückzuführen. Eine systematische Analyse des Gesamtunternehmens und seines Wettbewerbsumfeldes zur Aufdeckung der Anwendungsfelder, die deutlichen Einfluß auf den Unternehmenserfolg ausüben, findet in der Regel nicht statt.

Die vorliegende Arbeit zeichnet sich dagegen durch ein durchgängiges, mehrstufiges Verfahren zur Unterstützung des komplexen Planungsprozesses für einen strategiegerechten Einsatz von Informations- und Kommunikationssystemen im Unternehmen aus. Die methodisch unterstützte strategische Analyse und Planung der Informationsverarbeitung und Kommunikation berücksichtigt nicht nur technisch/organisatorische Potentiale sondern auch wettbewerbsstrategische Dimensionen. Hierbei findet insbesondere auch die Umsetzung der strategischen Planung von Informations- und Kommunikationssystemen in eine operative Planung Berücksichtigung.

Hermann Krallmann

Vorwort der Autoren

Das heutige wirtschaftliche Geschehen zeichnet sich durch hohe Dynamik und wachsende Komplexität aus. Hierdurch sind Unternehmen in starkem Maße gefordert, Umweltveränderungen und Einflüsse auf die eigenen Leistungspotentiale frühzeitig zu erkennen und entsprechend antizipativ zu handeln. Für die Informationsverarbeitung (IV) im Unternehmen bedeutet dies, daß sie zur langfristigen Sicherung der Wettbewerbsfähigkeit eines Unternehmens einerseits durch die zuverlässige und aktuelle Bereitstellung von Informationen beitragen muß. Andererseits sind heute viele Informations- und Kommunikationssysteme in der Lage, den Erfolg eines Unternehmens im Wettbewerb direkt zu beeinflussen. Die Tatsache, daß viele Unternehmensgeschäfte heute durch den Einsatz der Informationstechnologie eine substantielle Änderung erfahren, erfordert eine Kopplung zwischen der wettbewerbsstrategischen Planung und der Planung der im Unternehmen eingesetzten Informations- und Kommunikationssysteme. Diese Verbindung innerhalb einer strategieorientierten IKS-Planung bildet den ersten Schwerpunkt dieser Arbeit.

Wenn die Planung zwischen- und innerbetrieblicher Informations- und Kommunikationssysteme den Rang einer bedeutenden unternehmerischen Aufgabe erhält, kann sie nicht länger allein in der Zuständigkeit der IV-Funktion des Unternehmens liegen. Der zweite Schwerpunkt der Arbeit stellt deshalb auf den Personenkreis, der an der IKS-Planung des Unternehmens zu beteiligen ist, ab. Hierfür wird von der Überzeugung ausgegangen, daß die Planung der informationellen Ressourcen nicht an wenige Spezialisten in Stäben oder Ausschüssen delegiert werden kann. Vielmehr hat jede Führungskraft der oberen und mittleren Hierarchieebene des Unternehmens die Aufgabe, für ihren jeweiligen Verantwortungsbereich nicht nur den Personal-, Budget- und Sachmitteleinsatz zu planen, sondern auch hinsichtlich der Nutzung der heutigen informationstechnologischen Möglichkeiten richtungsweisend zu agieren. Dies aber bedeutet eine aktive Teilnahme an der IKS-Planung des Unternehmens.

Eine Anpassung des IKS-Planungsprozesses hinsichtlich dieser beiden Erfordernisse ist in der Praxis nur teilweise oder gar nicht vollzogen. Obwohl für beide Problemkreise vielfältige Lösungen beschrieben sind, mangelt es an einem Vorgehensmodell der IKS-Planung, das beide Aspekte integriert. Dieses ist jedoch notwendig, wenn die Betrachtung der Information als neuer Produktionsfaktor im Unternehmen nicht nur ein Schlagwort bleiben soll.

Die vorliegende Arbeit entwirft über eine Systematisierung der aktuellen Erkenntnisse zu den genannten Schwerpunkten einen Rahmen für die Vorgehensweise einer strategieorientierten IKS-Planung. Dabei ist es selbstverständlich, daß das vorgeschlagene Modell für die Anwendung in der Praxis modifiziert, erweitert oder auch verkürzt werden muß. Dies betrifft insbesondere auch den Einsatz der Analyse- und Dokumentationstechniken in den einzelnen Phasen und Phasenschritten.

Die folgende Arbeit gliedert sich in fünf Kapitel.

- In Kapitel 1 wird im ersten Abschnitt der grundsätzliche Einfluß des IKS-Einsatzes auf das Unternehmensgeschäft dargestellt. Im zweiten Abschnitt wird die strategische Bedeutung von Informations- und Kommunikationssystemen diskutiert.

- Kapitel 2 enthält die Inhalte und Konzepte des vorgeschlagenen Vorgehensmodells der strategieorientierten IKS-Planung. Zuerst werden die Anforderungen an eine strategieorientierte IKS-Planung genannt. Im zweiten Abschnitt wird auf der Basis eines Grundmodells der IKS-Planung, das konventionellen Ansätzen entspricht, ein erweitertes Vorgehensmodell beschrieben, das die beiden oben genannten Schwerpunkte innerhalb einzelner Phasen explizit berücksichtigt und miteinander verbindet. Im dritten Abschnitt des Kapitels werden die vier für das später dargestellte Vorgehensmodell der IKS-Planung wesentlichen Konzepte beschrieben. Hierbei handelt es sich einmal um die Wertkette des Unternehmens, das Konzept der kritischen Erfolgsfaktoren, die Informationsarchitektur und die Konzeption des IKS-Portfolios. Von entscheidender Bedeutung ist die im vierten Abschnitt dargestellte Integration dieser vier Konzepte innerhalb der strategieorientierten IKS-Planung.

- Das dritte Kapitel beinhaltet die detaillierte Beschreibung des Vorgehensmodells der strategieorientierten IKS-Planung. Die Darstellung erfolgt anhand eines Beschreibungsschemas, das einleitend erörtert wird. Darauf folgend werden die einzelnen Aufgaben der strategieorientierten IKS-Planung anhand des Schemas dargelegt, wobei die systematische Darstellung durch eine entsprechende optische Aufbereitung unterstützt wird.

- Kapitel 4 gibt einen Überblick über den zeitlichen Verlauf der strategieorientierten IKS-Planung.

- Inwieweit die strategieorientierte IKS-Planung selbst rechnergestützt erfolgen kann, wird in Kapitel 5 diskutiert. Insbesondere werden der Stand und die Möglichkeiten des Einsatzes von Expertensystemen erörtert.

Der Anhang enthält zusammenfassend tabellarische Übersichten über die einzelnen Aufgaben der strategieorientierten IKS-Planung. Dieser Teil dient somit zum schnellen Orientieren und Nachschlagen.

Für engagierte Diskussionen danken wir Herrn cand. rer. pol. Christian Heller, Herrn cand. rer. pol. Paul Wolters und Herrn cand. rer. pol. Guido Koch. Herrn Dipl.-Kfm. Ryszard Dąbrowski danken wir für die Grundlegung des fünften Kapitels. Herrn Prof. Dr. Hermann Krallmann gilt unser Dank für die Aufnahme dieser Arbeit in die Reihe "Betriebs- und Wirtschaftsinformatik".

Berlin, im Januar 1990

Michael Klotz
Petra Strauch

Inhalt

1. Einleitung

1.1 Der Einfluß von Informations- und Kommunikationssystemen auf das Unternehmensgeschäft

Die wirtschaftliche und soziale Bedeutung der informationstechnischen Entwicklung erfordert, daß sich Unternehmen der Problematik, die mit dem Einsatz neuer Informations- und Kommunikationssysteme[1] verbunden ist, stellen. In der Vergangenheit dominierten Ansätze auf der operativen Ebene, die in erster Linie die Funktionalität der Informations- und Kommunikationssysteme in den Vordergrund stellten. Hieraus erwuchs eine starke Orientierung in Hinblick auf Produktivitätssteigerungen, die mit Hilfe neuer Systeme erzielt werden sollten. Strategische Aspekte wurden bei der Einführung moderner Techniken allenfalls dann in Betracht gezogen, wenn Investitionen als "me-too-Effekt" den Gleichstand mit der Konkurrenz erzielen sollten /vgl. Bullinger 86, S. 83/.

In fortschrittlichen Unternehmen wurden und werden Informations- und Kommunikationssysteme als Werkzeuge für spezielle Problemlösungen eingesetzt, um so unternehmensstrategische Zielsetzungen verwirklichen zu können. Dies führt zu einer Entwicklung von Funktionsstrategien für einzelne Bereiche, wie Logistik, Produktion, Marketing oder Absatz. Die Planung von Informations- und Kommunikationssystemen kann damit aber noch nicht als wesentlicher Bestandteil der Unternehmensstrategie angesehen werden /vgl. Nagel 88, S. 26/. Es hat sich jedoch die Auffassung durchgesetzt, daß der Einsatz von Informations- und Kommunikationssystemen für das Unternehmen von strategischer Bedeutung ist.

Moderne Informations- und Kommunikationssysteme dienen längst nicht mehr ausschließlich der Rationalisierung und Automatisierung, wenngleich ihre Bedeutung auch in diesem Bereich noch wachsen wird. Mit ihrer Hilfe wird es mög-

[1] Unter einem Informations- und Kommunikationssystem (IKS) sei im folgenden ein System verstanden, welches betriebliche Aufgaben, Personen und Informationstechnik (IT) als Elemente über Informationsverarbeitungsprozesse (Informationsspeicherung, -übermittlung, -transformation) als Beziehungen miteinander verbindet /vgl. Hansen 86, S. 63 f./. Hierbei umfaßt die Informationstechnik die verwendete (physische) informationstechnische Ausrüstung (DV-Anlagen, büro- und nachrichtentechnische Hardware), die jeweiligen Programme zur Steuerung der informationstechnischen Geräte (sog. systemnahe Software) sowie die zur Lösung der betrieblichen Aufgaben eingesetzten Programme (sog. Anwendungssoftware).

lich, auf neuen Wegen Wettbewerbsvorteile zu erzielen und sich damit von der Konkurrenz abzusetzen. Abbildung 1 verdeutlicht diese Verschiebung der Zielrichtung von Informations- und Kommunikationssystemen.

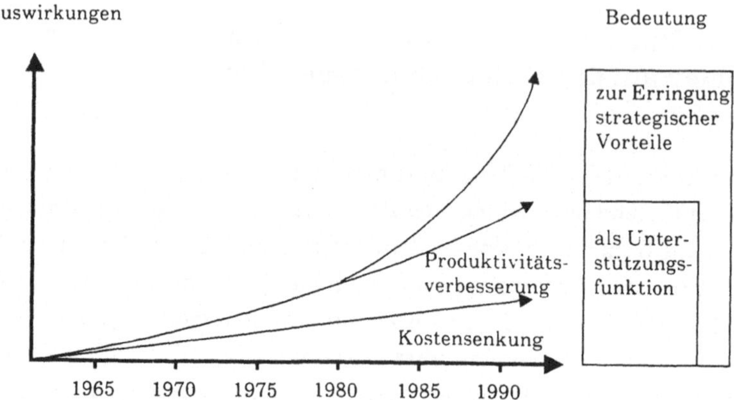

Abbildung 1: Zielrichtung von Informations- und Kommunikationssystemen /Diebold, zitiert nach Nagel 88, S. 27/

Prinzipielle Entscheidungen bezüglich des Einsatzes von Informations- und Kommunikationssystemen sind daher auf der Unternehmensführungsebene anzusiedeln. In der Vergangenheit lag die Planung von Informations- und Kommunikationssystemen (IKS-Planung) im wesentlichen in der Hand einer DV-Abteilung (im folgenden als Informationsverarbeitungsfunktion - kurz IV-Funktion - bezeichnet), die in erster Linie mit der Entwicklung benutzeradäquater Systeme beschäftigt war. Bedingt durch die fehlende Koordination zwischen der wettbewerbsstrategischen Planung und der Systementwicklung wurde der Einsatz der Informations- und Kommunikationssysteme zu wenig auf die strategischen Belange des Unternehmens ausgerichtet. In diesem Sinne war eine strategieorientierte IKS-Planung[2] nicht vorhanden.

[2] Unter strategieorientierter IKS-Planung wird hier diejenige Planung verstanden,
- die als jährlich rollierender Prozeß für einen Zeitraum von bis zu fünf Jahren festlegt,
- welche Informations- und Kommunikationssysteme im Unternehmen
- innerhalb eines IKS-Projektportfolios
- mit dem Ziel der Unterstützung der Wettbewerbsstrategie des Unternehmens

realisiert werden sollen /vgl. Lederer/Sethi 88, S. 446/. Andere Bezeichnungen für diesen Sachverhalt sind Informationsverarbeitungsplanung, Informations-Ressourcen-Planung (IRP), IV-Strategie-Entwicklung, Planung der Informationsstrategie u. a. m. Während somit die verwendete Begrifflichkeit differiert, besteht eine weitgehende Einigkeit darüber, daß die strategieorientierte IKS-Planung ein Aufgabenfeld des strategischen Informationsmanagements darstellt /vgl. z. B. Zahn/Rüttler 89, S. 37 f.; Martiny/Klotz 89, S. 101 ff./.

Das Hauptanwendungsgebiet der ersten Anwendungsgeneration von Informations- und Kommunikationssystemen war die Rationalisierung des Leistungserstellungsprozesses. Dabei lag das Schwergewicht auf der Automatisierung stark formalisierbarer Aufgaben sowie der Bereitstellung von Planungshilfen und Entscheidungsmodellen als Führungsinstrument, vgl. Abbildung 2.

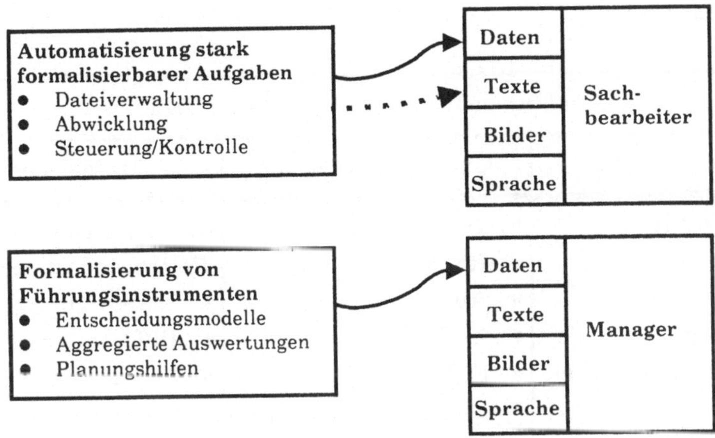

Abbildung 2: 1. Anwendungsgeneration von Informations- und Kommunikationssystemen /nach Sommerlatte 84, S. 302/

Informations- und Kommunikationssysteme werden jedoch nicht länger nur als Instrument zur Handhabung großer Datenmengen und zur Automatisierung repetitiver Tätigkeiten angesehen. Zukünftig wird ihre Planung und Realisierung durch die wettbewerbskritischen Erfolgsfaktoren für die Strategien des Unternehmens beeinflußt werden. Hierbei werden Kontroll- und Planungsfunktionen ebenso wie Führungsaufgaben durch Informations- und Kommunikationssysteme unterstützt.

Informations- und Kommunikationssysteme können auf unterschiedliche Arten die Wettbewerbsposition einer Unternehmung verändern. Zum einen beeinflussen sie die Wettbewerbsbedingungen ganzer Branchen, was zu einer extern verursachten Verschiebung der Wettbewerbsposition jeder einzelnen Unternehmung in der Branche führt und Einfluß auf die Einstiegsmöglichkeiten neuer Unternehmungen ausübt. Andererseits können neue Technologien von Unternehmen als Instrument der eigenen Wettbewerbsstrategie eingesetzt werden, um durch Aufbau von Stärken bzw. Abbau von Schwächen die Wettbewerbsposition zu verbessern.

Parsons beschreibt den momentanen und potentiellen Einfluß von Informations- und Kommunikationssystemen auf drei Ebenen: der Branchen-, der Unternehmens- und der Strategieebene /vgl. Parsons 83, S. 4/. Abbildung 3 verdeutlicht diesen 3-Ebenen-Einfluß der Informations- und Kommunikationssysteme auf das Unternehmensgeschäft.

Der 3-Ebenen-Einfluß betrieblicher IKS		
Branchenebene	Unternehmensebene	Strategieebene
Veränderung der • Produkte und Dienstleistungen • Nachfrage • Produktionswirtschaft	Einfluß auf die Wettbewerbsfaktoren • Abnehmer • Lieferanten • Substitutionsprodukte • Eintrittsbarrieren • Rivalität	Einfluß auf die Wettbewerbsstrategie • Kostenführerschaft • Differenzierung • Konzentration auf Schwerpunkte

Abbildung 3: Der Einfluß von Informations- und Kommunikationssystemen /vgl. Parsons 83, S. 4/

1.1.1 IKS-Einfluß auf der Branchenebene

Anhand verschiedener Studien in US-amerikanischen Unternehmen konnte ein deutlicher Einfluß von Informations- und Kommunikationssystemen auf die fundamentale Struktur einer Branche, in der Unternehmen agieren, festgestellt werden /vgl. Parsons 83, S. 4/.

IKS vermögen die Branchenstruktur zu verändern, wobei Produkte und Dienstleistungen ebenso beeinflußt werden wie Abnehmermärkte und die Produktionswirtschaft. Traditionelle Wettbewerbsvorteile in einer Branche und die Regeln des Wettbewerbs werden heute durch den Einsatz moderner computergestützter Informations- und Kommunikationssysteme verändert. Der IKS-Einfluß differiert von Branche zu Branche und ist beispielsweise im Banken- oder Versicherungsbereich deutlicher ausgeprägt als in reinen Produktionsbetrieben.

- **IKS-Einfluß auf Produkte und Dienstleistungen**

In zahlreichen Branchen ist ein deutlicher Einfluß der Informationsverarbeitung und Kommunikation auf die Produkte und Dienste erkennbar. So wird zum einen der Produktlebenszyklus beeinflußt, auf der anderen Seite die Geschwindigkeit des Absatzes erhöht.

Beispielsweise wandelt sich die Verlagsbranche durch die Entwicklung neuer Informations- und Kommunikationssysteme von einer rein papierbasierten mehr und mehr zu einer elektronischen Branche /vgl. Parsons 83, S. 4/. Manuskripte können heute von den Autoren elektronisch gespeichert und mit Hilfe einer Diskette oder durch öffentliche Netzwerke direkt dem Verlag zugesandt und dort aufbereitet und auf elektronischem Weg weiterverbreitet werden. In kaum einem Wirtschaftsbereich hat sich unter dem Einfluß der Computertechnik die Arbeit stärker verändert als in den Druckereien. Nahezu der gesamte Arbeitsablauf der Druckvorstufe ist in Rechnersysteme verlagert und damit weitestgehend entmaterialisiert worden /vgl. Charlier 88, S. 26/. Die Massenproduktion von Druckerzeugnissen läßt sich heute ohne die durchgängige Anwendung elektronischer Verfahren nicht länger wirtschaftlich durchführen.

Der Einsatz moderner Informations- und Kommunikationssysteme bietet vielen Unternehmen wettbewerbliche Möglichkeiten, birgt auf der anderen Seite jedoch auch erhebliche Risiken in sich, da durch moderne Techniken eine völlig veränderte Wettbewerbssituation entstehen kann. So wurden z. B. innerhalb weniger Jahre die elektromechanischen Registrierkassen durch elektronische Kassen ersetzt. Zwischen 1972 und 1976 stieg der Anteil elektronischer Kassen von 10 auf 90 Prozent. Die Firma NCR als führender Hersteller elektromechanischer Kassen hatte durch diese Entwicklung eine Verringerung des Marktanteils von 80 Prozent im Jahr 1971 auf 25 Prozent im Jahr 1978 zu verzeichnen /vgl. Bühner 88, S. 387/.

- **Auswirkungen auf die Nachfrage**

Entwicklungen computergestützter Informations- und Kommunikationssysteme führen in vielen Fällen zu einem veränderten Konsumentenverhalten. Kunden erwarten heute vielfach elektronisch-basierte Produkte oder Dienstleistungen, wie z. B. die Bankautomaten, die damit zu einem Branchenstandard avancieren. Durch den Einsatz von Informations- und Kommunikationssystemen kann mit neuen Produkten, wie "Telemarketing", "Elektronische Post" oder "Teleconferencing", eine neue Nachfrage geschaffen werden /vgl. Zahn 87, S. 3/.

- **Einfluß auf die Produktionswirtschaft**

Der Produktionswirtschaft kommt beim Aufbau von Wettbewerbsvorteilen immer größere Bedeutung zu. Neben der Kostenstruktur und Produktqualität hat sich auch der Zeitfaktor zu einem entscheidenden Wettbewerbskriterium entwickelt, das durch den Einsatz moderner Informations- und Kommunikationssysteme unterstützt werden kann. Die Integration der betrieblichen Aktivitäten und Funktionen mit Hilfe neuer Informations- und Kommunikationssysteme führt zu einer Verkürzung von Produktentwicklungs- und Produktionszeiten /vgl. Milberg 88, S. 22/. Damit sind Informations- und Kommunikationssysteme in der Lage, einen deutlichen Einfluß auf die Produktionsstrategie eines Unternehmens auszuüben mit dem Effekt, daß sich dabei traditionelle Wettbewerbsregeln wesentlich wandeln können.

1.1.2 IKS-Einfluß auf der Unternehmensebene

Welche Chancen sich den Unternehmen durch den Einsatz strategisch ausgerichteter Informations- und Kommunikationssysteme bieten, wird anhand der einzelnen Strukturkomponenten einer Branche erläutert. Nach Porter kann die Struktur einer Branche durch fünf Determinanten des Wettbewerbs charakterisiert werden, vgl. Abbildung 4, die die Wettbewerbsintensität und Rentabilität der Branche bestimmen:

- Verhandlungsmacht und Kaufverhalten der Abnehmer,
- Verhandlungsstärke der Lieferanten,
- Aufbau von Eintritts- und Austrittsbarrieren,
- Bedrohung durch Substitutionsprodukte,
- Rivalität der Unternehmen /vgl. Porter 87, S. 25 ff./.

Durch eine geeignete Wettbewerbsstrategie versuchen Unternehmen eine Position zu finden, in der sie sich gegen diese Wettbewerbskräfte schützen bzw. sie zu ihren Gunsten beeinflussen können. Hierbei haben sich bereits viele Unternehmen des Einsatzes moderner Informations- und Kommunikationssysteme bedient, die ein erfolgreiches Agieren innerhalb der Branche unterstützen können.

- **Verhandlungsmacht und Kaufverhalten der Abnehmer**

Die Stärke der Abnehmer kann als einflußreicher Wettbewerbsfaktor einer Branche angesehen werden, da die Kunden die Preise beeinflussen, höhere Qualität oder bessere Leistungen verlangen und Wettbewerber gegeneinander ausspielen können /vgl. Porter 87, S. 50/.

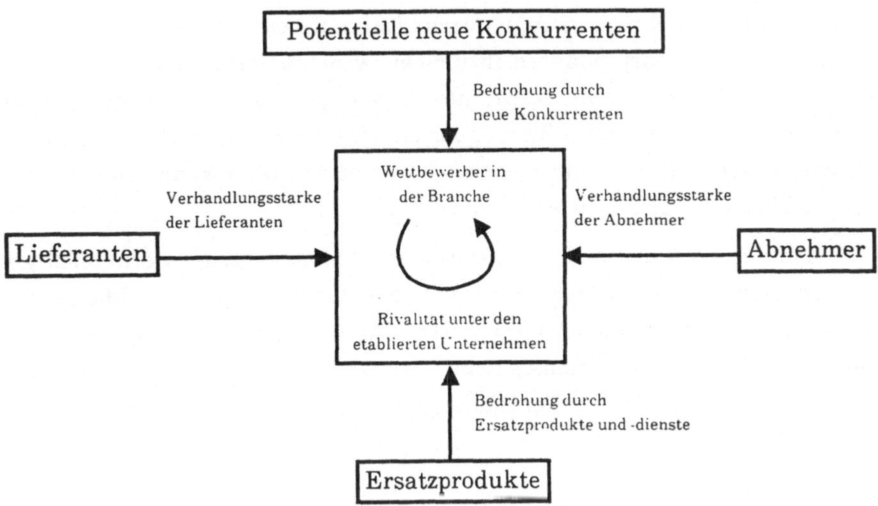

Abbildung 4: Die Triebkräfte des Branchenwettbewerbs /nach Porter 87, S. 26/

Aufgrund des durch Informations- und Kommunikationssysteme immer stärker gewordenen Beziehungsgefüges zwischen Anbietern und Abnehmern besteht heute ein zum Teil starkes Abhängigkeitsverhältnis zwischen Zulieferunternehmen und ihren Käufern. Der Aufbau von Informations- und Kommunikationsnetzen führt in vielen Fällen zu einer Integration der Lieferantenaktivitäten in die Geschäftsprozesse des Kunden. Die überbetriebliche Vernetzung durch öffentliche Kommunikationseinrichtungen, Herstellernetzwerke und -informationsdienste ermöglicht den Austausch von Dispositions- und Geometriedaten zwischen Herstellern und Zulieferern. Dabei ergibt sich durch

- die zeitliche Straffung von Abläufen,
- den Wegfall langwieriger Papierkommunikationswege,
- die detaillierten Übertragungsmöglichkeiten von Daten und
- die Vermeidung von Doppelarbeiten

zum einen ein hohes Wirtschaftlichkeitspotential, zum anderen wird eine Abhängigkeit beider Unternehmen erzeugt, die sich durchaus in Wettbewerbserfolgen niederschlagen kann /vgl. Scheer 87, S. 56; Mertens 85, S. 81 ff./. Der Wechsel zu einem anderen Anbieter wird deutlich erschwert, weil in derartigen Fällen hohe Umstellungskosten (z. B. Umschulungs- und Einführungskosten, Anschaffungskosten für Zusatzgeräte) entstehen /vgl. McFarlan 84, S. 99/.

Eine Abnehmergruppe wird immer dann in eine stärkere Verhandlungsposition geraten, wenn es sich um standardisierte oder nicht differenzierte Produkte handelt. Indem es Unternehmen gelingt, durch bestimmte Zusatzleistungen ihr Produkt von den Konkurrenzprodukten abzuheben, wird die Verhandlungsstärke des Kunden sinken. Der Abnehmer wird unter diesen Voraussetzungen nur schwer einen alternativen Lieferanten finden, der entsprechende Serviceleistungen anbietet. Selbst wenn er zu einem anderen Anbieter wechseln kann, muß er mitunter hohe Umstellungskosten einplanen müssen.

Auf der anderen Seite kann die Position einer Abnehmergruppe erheblich gestärkt werden, wenn die Kunden umfassend über Nachfrage, aktuelle Marktpreise und sogar über die Kosten der Lieferanten informiert sind. Hierfür können Informations- und Kommunikationssysteme einen Beitrag leisten, wenn beispielsweise durch Barcode-Leser in Verbindung mit Lagerbestandskontrollsystemen detaillierte Analysen über

- Absatzpotentiale,
- die durchschnittliche Verweildauer in den Warenhäusern oder
- das Einkaufsverhalten der Verbraucher

ermöglicht werden /vgl. Parsons 84, S. 51/.

- **Verhandlungsstärke der Lieferanten**

Mächtige Lieferanten können die Rentabilität von Branchen senken, indem sie die Qualität verringern oder die Preise erhöhen und die Abnehmer diese Kostensteigerung nicht in ihren eigenen Preisen an ihre Kundschaft weitergeben können. Hierbei können Informations- und Kommunikationssysteme die Verhandlungsposition der Zulieferer analog der Macht der Abnehmer beeinflussen.

Die Verkürzung der zur Leistungserstellung erforderlichen Zeit und die Verminderung der Herstell- oder Distributionskosten kann durch Einsatz geeigneter Systeme in den Bereichen der Fertigungs-, Materialfluß- und Montagesteuerung erzielt werden. Hierdurch sind Informations- und Kommunikationssysteme in der Lage, gerade in Branchen, die sich durch eine aufwendige Leistungserstellung auszeichnen, zum strategischen Wettbewerbsfaktor zu avancieren.

Durch die Vernetzung der Lieferanten und den dezentralisierten IKS-Einsatz wird eine enge Bindung der Zulieferbetriebe an ein Unternehmen bewirkt. So führt z. B. der Anschluß von Lieferunternehmen über Datenfernverarbeitung an die CAD/CAM-Systeme eines Unternehmens zu einer Standardisierung der Verfahren, Protokolle oder Datenträger. Die Integration der Zulieferer in den Leistungserstellungsprozeß der Abnehmer durch Just-in-Time-Systeme verlangt in zunehmendem Maße mehr Flexibilität der Anbieter. Die Verhandlungsposition und Macht der Lieferantengruppe wird durch eine solche Vernetzung zum Teil erheblich gemindert.

- **Aufbau von Eintritts- und Austrittsbarrieren**

Neue Marktteilnehmer bringen häufig neue Kapazitäten und erhebliche Mittel in die Branche ein. Hierdurch werden in vielen Fällen die Kosten der etablierten Wettbewerber erhöht und damit die Rentabilität gesenkt. Der Gefahr des Eintritts neuer Wettbewerber versuchen Unternehmen durch den Aufbau geeigneter Eintrittsbarrieren entgegenzutreten /vgl. z. B. Schwalbach 86, S. 713/. Neuanbieter können beispielsweise gezwungen sein, mit hohem Produktionsvolumen einzusteigen bzw. erhebliche Mittel aufzubringen, um wettbewerbsfähig zu sein oder bestehende Käuferloyalitäten zu überwinden /vgl. Porter 87, S. 29/.

Der Einsatz moderner Informations- und Kommunikationssysteme ist heute für viele Unternehmen zwingend geworden, um in einer Branche eine erfolgreiche Wettbewerbsposition einnehmen zu können. So sind Zulieferunternehmen oft nur noch dann konkurrenzfähig, wenn sie die Bereitschaft zeigen, Investitionen in spezifische Hard- und Software sowie entsprechende organisatorische Maßnahmen vorzunehmen, um eine überbetriebliche Vernetzung mit dem Hauptabnehmer zu ermöglichen. In anderen Fällen sind bestimmte Serviceleistungen, die durch den Einsatz von Informations- und Kommunikationssystemen erzielt werden, zum Branchenstandard avanciert. Weil die für die Erzielung bzw. Erhaltung der Wettbewerbsfähigkeit nötigen Investitionen in entsprechende Hardware und komplexe Programmausrüstungen in der Regel sehr umfangreich sind, wird vielen Unternehmen der Marktein- bzw. -austritt nahezu unmöglich gemacht. Sind hohe Umstellungskosten für einen Abnehmer zu erwarten, wenn er von einem Lieferanten zu einem Neuanbieter wechseln sollte, so kann der neue Wettbewerber nur Erfolg erzielen, wenn er erheblich niedrigere Preise oder noch bessere Leistungen als der etablierte Lieferant anbietet.

Für viele Unternehmen kann jedoch der Markteintritt durch ein leistungsfähiges Branchenmarketing und die Mehrfachnutzung technischer Infrastrukturen erleichtert werden /vgl. Picot 88, S. 13/. Der Marktzutritt war z. B. den Herstellern von Personalcomputern möglich, da die notwendigen PC-Komponenten, insbesondere die CPU 8088 der Firma Intel, frei verfügbar waren. Eine Vielzahl kleinerer Unternehmen mit absoluten Kostenvorteilen gegenüber der Firma IBM, meist bedingt durch ein niedrigeres ostasiatisches Lohnniveau, konnte mit den sogenannten Clones nahezu IBM-identische Geräte preiswerter anbieten. Durch eine engere Kooperation mit Intel wurden jedoch die IBM-Geräte der neuen PC-Generation mit Exclusiv-Logik-Bausteinen ausgestattet, wodurch potentielle Konkurrenten zu teureren Eigenentwicklungen und -fertigungen gezwungen sind und damit höhere Markteintrittskosten verursacht werden /vgl. Bühner 88, S. 394/.

- **Bedrohung durch Substitutionsprodukte**

Die Unternehmen einer Branche konkurrieren in der Regel mit Branchen, die Ersatzprodukte herstellen und damit das Gewinnpotential beschränken /vgl. Porter 87, S. 49/. Computergestützte Konstruktion (CAD) und flexible Fertigungssysteme (FFS) haben in vielen Unternehmen die Substituierbarkeit von Produkten erhöht, indem schneller und billiger neue Leistungsmerkmale in die Produkte integriert werden können.

Andererseits kann die von Substitutionserzeugnissen ausgehende Bedrohung durch den Einsatz unternehmensspezifischer Informations- und Kommunikationssysteme aber auch erheblich verringert werden, wenn über die Verkürzung der Produktions- und Verwaltungsprozesse eine Verbesserung des Preis-/Leistungsverhältnisses erzielt wird.

- **Rivalität der Unternehmen**

Nicht unerheblichen Einfluß können computergestützte Informations- und Kommunikationssysteme auf den Grad der Rivalität zwischen Unternehmen ausüben. Rationalisierungsdruck und Austrittsbarrieren als Folge hoher Investitionen erhöhen die Rivalität. Diese vermindert sich auf der anderen Seite, wenn Wettbewerber durch ein geeignetes Informationsmanagement Differenzierungsvorteile verwirklichen /vgl. Picot 88, S. 13/. Elektronische Datenkommunikation und entsprechende Informations- und Kommunikationssysteme ermöglichen beispielsweise Fluggesellschaften eine flexiblere Preispolitik und die weltweite Flugreservierung. Andererseits werden Reisebüros und Passagiere in die Lage versetzt, aufgrund des transparenter gewordenen Marktes Flugpreise vergleichen und schneller das günstigste Angebot ermitteln zu können. Die Wettbewerbsintensität zwischen den betroffenen Fluglinien wurde hierdurch erheblich verstärkt /vgl. Porter/Millar 86, S. 32/.

1.1.3 IKS-Einfluß auf der Strategieebene

Nach Porter existieren drei erfolgversprechende Typen strategischer Ansätze, um andere Unternehmen in einer Branche zu übertreffen /vgl. Porter 87, S. 62 ff. /:

- umfassende Kostenführerschaft,
- Differenzierung,
- Konzentration auf Schwerpunkte.

Moderne Informations- und Kommunikationssysteme, wie beispielsweise CAD, flexible Fertigungssysteme sowie öffentliche, inner- und überbetriebliche Vernetzungsmöglichkeiten, führen zum einen zur qualitativen Verbesserung der Produkte, zum anderen zur Steigerung der Effizienz der Prozesse und der Verkürzung der für die Leistungserstellung erforderlichen Zeit. Es kann daher davon ausgegangen werden, daß neue Informations- und Kommunikationssysteme die Wettbewerbsstrategie auf zweierlei Art unterstützen können: einerseits über eine Verbesserung von Leistungsmerkmalen der Produkte oder Dienstleistungen, andererseits über die Kostenstrukturen.

- **Strategie der Kostenführerschaft**

Insbesondere in kostenintensiven Prozessen kann der gezielte und unternehmensspezifische IKS-Einsatz dem Unternehmen Vorteile verschaffen. Prozesse können effizienter und in kürzerer Zeit ablaufen, Lagerkosten können reduziert und Personal kann eingespart werden. So muß im Rahmen einer Kostenführerstrategie die Produktion vor allem hohe Produktivität und Zuverlässigkeit sicherstellen. Dabei ermöglicht die Durchgängigkeit der Daten von der Konstruktion zur Fertigung eine hohe Effizienz ebenso wie der Einsatz geeigneter CAD/CAM-Systeme. Um eine notwendige Stückkostendegression realisieren zu können, ist ein hoher Produktdurchsatz erforderlich. In diesem Zusammenhang bietet der Einsatz flexibler Fertigungssysteme Vorteile. Just-in-Time-Systeme üben durch Verringerung der Durchlaufzeiten einen Einfluß auf die Effizienz der Fertigung aus und führen zu einer Kostensenkung durch reduzierte Lagerkosten /vgl. Wildemann 86, S. 36 ff./. Neben dem Produktionsbereich lassen sich auch in Verwaltungsbereichen Kostenvorteile durch den Einsatz geeigneter Informations- und Kommunikationssysteme erzielen /vgl. Parsons 84, S. 58/.

- **Strategie der Differenzierung**

Die Abgrenzung des eigenen Produktes gegenüber Konkurrenzprodukten kann durch besonderen Service, das Vertriebsnetz, außergewöhnliches Design, Qualität oder das Marketing- und Werbekonzept realisiert werden. Nahezu alle Differenzierungsmöglichkeiten, die zu einer Insensibilisierung des Marktpreises führen, lassen sich durch computergestützte Informations- und Kommunikationssysteme beeinflussen. Abbildung 5 kennzeichnet, welche Eigenschaften bei technisch anspruchsvollen Produkten ein hohes Potential zur Differenzierung besitzen und bei welchen Merkmalen von einer Differenzierung abzusehen ist. Die beste Eignung zur strategischen Differenzierung wird in der Problemlösungsfähigkeit eines Produktes gesehen. Zur Erzielung von Wettbewerbsvorteilen eignet sich gleichfalls

(hohes Potential zur Erzielung von Wettbewerbsvorteilen)

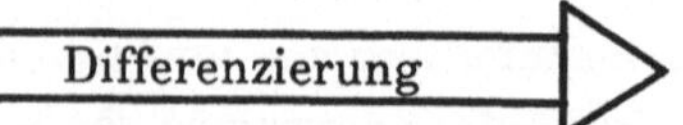

- Problemlösungen
  (Kundenorientierung, Systemprodukte, Variantenvielfalt)
- Serviceleistungen
  (Lieferbereitschaft, Finanzierung, Schulung, Betreuung)
- Qualität
  (Präzision, Zuverlässigkeit)
- Innovative Produkte
- Handhabung
  (Maschinenbedienung, Ergonomie, Benutzeroberfläche)
- Unterstützung von De-facto-Normen
  (MAP, TOP, CAN, Unix, MS-DOS)
- Einhaltung von Normen
  (z. B. OSI, ISDN, DIN)

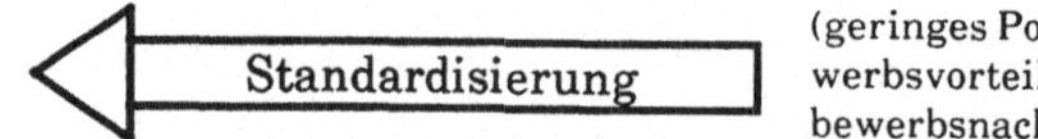

(geringes Potential zur Erzielung von Wettbewerbsvorteilen, u. U. ergeben sich sogar Wettbewerbsnachteile)

Abbildung 5: Möglichkeiten strategischer Differenzierung /nach Bühner 88, S. 396/

der Service, der mit dem Produkt angeboten wird. Die durch moderne Systeme erzielbare erhöhte Flexibilität und Anpassungsfähigkeit an Kundenwünsche eröffnet Unternehmen deutliche Wettbewerbsvorteile. In vielen Bereichen werden heute die Produkte um Serviceleistungen erweitert, die einen größeren Kundennutzen herbeiführen. So benutzt beispielsweise der Computerhersteller Digital Equipment das Expertensystem XCON zur kundenspezifischen Entwicklung von Hardware-Konfigurationen. Durch den Einsatz des Systems sinkt der Zeitbedarf für die Auftragsabwicklung, gleichzeitig steigt die Genauigkeit der Konfigurierung /vgl. Porter/Millar 86, S. 32; Benjamin u. a. 84, S. 5/. Ein großes Chemieunternehmen vernetzte seine Kunden mit dem eigenen Rechner und ermöglichte ihnen damit eine vereinfachte Disposition und Bestellung. Gleichzeitig wurden die Lieferzeiten verkürzt und das spezifische Produktmix der Abnehmer unterstützt. Diese zusätzlichen Serviceleistungen stellen für das Unternehmen ein wesentliches Wettbewerbsinstrumentarium dar /vgl. Cash/Konsynski 85, S. 137/. Eine Differenzierung bei vom Kunden als Standard angesehenen Eigenschaften kann dagegen zu Wettbewerbsnachteilen führen. Die Abweichung von Normen, die eine Verknüpfung mit anderen Produkten verhindern, führt möglicherweise zu einer marktlichen Isolierung /vgl. Bühner 88, S. 397/.

Hoher Einfluß auf die Wettbewerbsfähigkeit eines Unternehmens wird dem Aufbau neuer Vertriebskanäle beigemessen. Auch für eine derartige Geschäftsstrategie existieren zahlreiche Beispiele, die den Einfluß computergestützter Systeme auf die Konkurrenzfähigkeit verdeutlichen. Verkäufer und Vertreter werden heute aufgrund portabler Computer in die Lage versetzt, Informationen aus zentralen Datenbanken ihres Unternehmens direkt beim Kunden abzurufen /vgl. Diebold 87, S. 37/. Die Abnehmer erhalten auf diese Art erheblich schneller umfangreichere Informationen über das Produkt bzw. die Leistung des Anbieters, was sich letztlich oft im Geschäftserfolg des Anbieters niederschlägt. Weitere Beispiele für den erfolgreichen Einsatz moderner Informationssysteme zur Steigerung der Wettbewerbsfähigkeit eines Unternehmens existieren in Bereichen, in denen Anwendungssysteme als Verkaufshilfen fungieren.

- **Strategie der Konzentration auf Schwerpunkte**

Die Strategien der Differenzierung oder Kostenführerschaft können einerseits branchenweit umgesetzt werden, andererseits besteht die Möglichkeit einer Konzentration auf produktspezifische oder regionale Schwerpunkte und Marktnischen, in denen dann überdurchschnittliche Erträge erzielt werden können. So versetzen Informations- und Kommunikationssysteme Unternehmen mit großer Wettbewerbsbreite in die Lage, ihre Produkte auch auf kleinere Segmente abzustimmen, wie dies früher nur Firmen mit wesentlich geringerer Wettbewerbsbreite möglich war.

Beispielsweise sind die Zeitungen "Wall Street Journal" und "USA Today" heute aufgrund der elektronischen Übermittlung in den USA landesweit verbreitet. Die umbrochenen Seiten werden per Satellit an geographisch verteilte Druckereien übermittelt, was zur Folge hatte, daß die Auflagen der Zeitungen immens stiegen. Die Fortschritte der Kommunikationstechnik verhalfen dem Verlag des "Wall Street Journal" zu einer Globalisierung der Unternehmensstrategie, indem heute neben der US-Ausgabe auch das "Asian Wall Street Journal" und das "Wall Street Journal - European Edition" herausgegeben werden /vgl. Porter/Millar 86, S. 32; Benjamin 84 u. a., S. 6/.

1.2 Die strategische Bedeutung von Informations- und Kommunikationssystemen

Wettbewerbsstrategische Bedeutung erlangen die im Unternehmen eingesetzten Informations- und Kommunikationssysteme dann, wenn sie Auswirkungen auf die Formulierung bzw. Realisierung der Wettbewerbsstrategie des Unternehmens haben. Die strategieorientierte IKS-Planung ist demnach von der Frage geprägt, inwieweit Investitionen in derartige Systeme die geplante bzw. verfolgte Wettbewerbsstrategie unterstützen und damit die Wettbewerbsposition der Unternehmung verbessern.

Viele der oben beschriebenen Beispiele zeigen, daß es für die Beziehung zwischen Wettbewerbsstrategie und IKS nicht nur darauf ankommt, daß die im Unternehmen eingesetzten Informations- und Kommunikationssysteme zur Verwirklichung einer gegebenen Wettbewerbsstrategie beitragen. Vielmehr handelt es sich hier um einen Zusammenhang mit dualem Charakter, bei dem die für das Unternehmen insgesamt verfügbaren Informations- und Kommunikationssysteme (informationstechnisches Marktangebot und Möglichkeit der IKS-Eigenentwicklung) Veränderungen der Märkte, des Produktangebots, der Kundenbeziehungen etc. bewirken. Dieser Einfluß muß bei der Planung der Wettbewerbsstrategie[1] berücksichtigt werden. "Es geht also nicht nur um die Anpassung der Informationskonzepte an die Unternehmensstrategie im herkömmlichen Sinne, sondern um die Neugestaltung von Unternehmensstrategien durch Nutzung informationstechnischer Möglichkeiten" /Eisenhofer 88, S. 25/.

Da zudem das verfügbare informationstechnische Marktangebot bzw. die Möglichkeiten der Eigenentwicklung den IKS-Einsatz im Unternehmen bestimmen, ergibt sich eine Dreiecksbeziehung zwischen der Wettbewerbsstrategie des Unternehmens, den insgesamt verfügbaren Informations- und Kommunikationssystemen und dem IKS-Einsatz im Unternehmen, vgl. Abbildung 6.

[1] Unter der Planung der Wettbewerbsstrategie des Unternehmens wird diejenige Planung verstanden, die als jährlich rollierender Prozeß die langfristig grundlegenden Aussagen trifft über
- die Unternehmenszielsetzung ("Mission"), Produktbereiche und Märkte des Unternehmens;
- die Positionierung des Unternehmens im Wettbewerb (Aussagen über die grundsätzlich verfolgte Strategie sowie konkretisierende Aussagen hinsichtlich Kundensegmente, Vertriebswege, Produktqualität, Technologieeinsatz, Preispolitik etc.);
- die strategischen Ziele sowohl als generelle Zielvorgaben (z. B. Erhöhung der Reaktionsfähigkeit bei Marktänderungen) als auch als operationale Zielvorgaben (z. B. Umsatzrendite, Marktanteile).

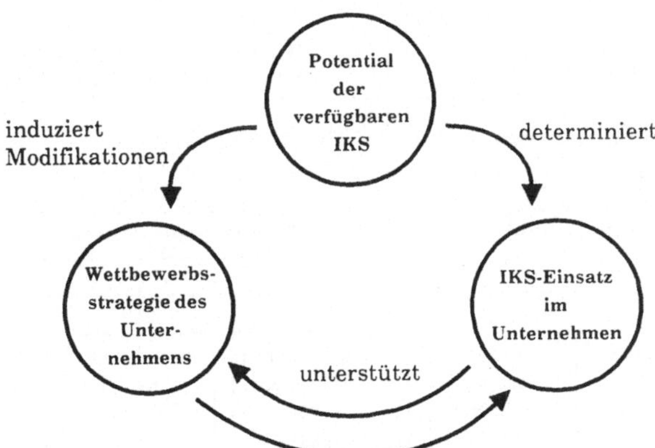

Abbildung 6: Zusammenhang zwischen der Wettbewerbsstrategie und der strategischen Bedeutung von IKS

Da Wettbewerbsstrategien von Unternehmen zu Unternehmen differieren, kann die strategische Bedeutung der im Unternehmen eingesetzten Informations- und Kommunikationssysteme nicht autonom definiert werden, sondern muß aus der spezifischen Wettbewerbsstrategie eines Unternehmens abgeleitet werden. Dies bedeutet, daß bestimmte Informations- und Kommunikationssysteme für ein Unternehmen strategischen Wert haben können, für ein anderes Unternehmen jedoch nicht. Dieser Sachverhalt wird verständlich, wenn man zwei Unternehmen betrachtet, wobei das eine Unternehmen eine Strategie der Kostenführerschaft, das andere Unternehmen eine Differenzierungsstrategie verfolgt. Beide Unternehmen setzen verschiedene Informations- und Kommunikationssysteme ein, s. Abbildung 7.

Für dasjenige Unternehmen, welches die Strategie der Kostenführerschaft verfolgt, stehen beim Einsatz von Informations- und Kommunikationssystemen kostensenkende Maßnahmen im Vordergrund. Dagegen verlangt das Unternehmen mit der Differenzierungsstrategie einen IKS-Beitrag zur deutlichen Unterscheidung seines Leistungsangebotes von denen seiner Wettbewerber. Für beide Unternehmen haben die existierenden Informations- und Kommunikationssysteme also einen hohen strategischen Wert, da der Betrieb dieser Systeme unmittelbar die Position der Unternehmen im Wettbewerb beeinflußt. Dies ist bei Einsatz der Systeme des jeweils anderen Unternehmens nicht der Fall, so daß Investitionen auf diesen Gebieten aufgrund der fehlenden Unterstützung der Wettbewerbs-

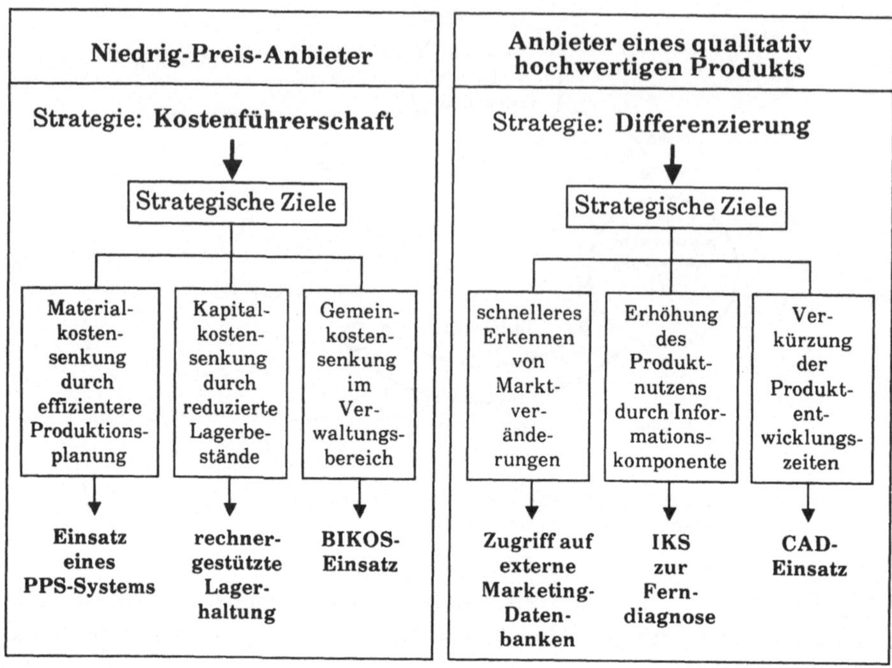

Abbildung 7: IKS-Einsatz zweier Unternehmen mit unterschiedlicher Strategie

strategie Fehlallokationen darstellen würden /vgl. Martiny/Klotz 89, S. 89/. Dieses Beispiel zeigt:

- Auch Informations- und Kommunikationssysteme mit ausschließlich operationalem Charakter können von wettbewerbsstrategischer Bedeutung für das Unternehmen sein.

Mithin erhalten IKS zur Unterstützung des Managements allein aufgrund der Tatsache, daß sie in höheren Hierarchieebenen des Unternehmens zum Einsatz gelangen, noch keine strategische Bedeutung. Nur wenn sie zur Deckung desjenigen Informationsbedarfs, der aus den wettbewerbsstrategischen Schwerpunkten resultiert, beitragen, sind sie als strategische Informations- und Kommunikationssysteme zu bezeichnen. Daß solche Systeme geplant und realisiert werden, darf nicht dem Zufall überlassen bleiben, sondern muß durch eine entsprechende Systematik der IKS-Planung garantiert werden.

Um Informations- und Kommunikationssysteme im Unternehmen strategisch relevant einsetzen zu können, bedarf es also einer Kopplung der IKS-Planung an die

Planung der Wettbewerbsstrategie des Unternehmens. Es ist in der betrieblichen Realität jedoch nur in den seltensten Fällen davon auszugehen, daß eine vollständige, dokumentierte, aktuelle und allen wichtigen Entscheidungsträgern des Unternehmens bekannte Wettbewerbsstrategie vorliegt. Wo überhaupt keine wettbewerbsstrategische Planung als formaler Prozeß existiert, muß vor einer Durchführung der IKS-Planung erst einmal ein zumindest grundlegendes Verständnis für das Unternehmensgeschäft, die Unternehmenszielsetzung und die Unternehmensaktivitäten geschaffen werden. Es gilt jedoch der Grundsatz, daß sich die Durchführung der strategieorientierten IKS-Planung umso schwieriger gestaltet, je geringer der Formalisierungsgrad der Unternehmensplanung, insbesondere der wettbewerbsstrategischen Planung, ist.

2. Inhalt und Konzepte der strategieorientierten IKS-Planung

2.1 Anforderungen an eine strategieorientierte IKS-Planung

Aus den Überlegungen zum Zusammenhang zwischen dem IKS-Einsatz im Unternehmen und der Wettbewerbsstrategie des Unternehmens lassen sich zwei grundsätzliche Forderungen an eine strategieorientierte IKS-Planung ableiten:

- Die Planung des Einsatzes von Informations- und Kommunikationssystemen im Unternehmen muß auf der Basis der formulierten Wettbewerbsstrategie des Unternehmens erfolgen. Dies resultiert unmittelbar aus den Betrachtungen des ersten Kapitels.
- Die Formulierung der Wettbewerbsstrategie des Unternehmens hat das Potential, das die verfügbare Informationstechnik für die Unterstützung des Unternehmensgeschäfts bietet (IT-Potential), als Einflußfaktor zu berücksichtigen. Zwar richtet sich diese Forderung an die Planung der Wettbewerbsstrategie, da jene jedoch auch Basis der Planung von Informations- und Kommunikationssystemen sein soll, müssen innerhalb der IKS-Planung die Voraussetzungen für die Berücksichtigung des informationstechnischen Potentials bei der wettbewerbsstrategischen Planung geschaffen werden. Dies ist auch deshalb sinnvoll, da die Analysen bezüglich des IT-Potentials zudem eine Vorarbeit für verschiedene Aufgaben der IKS-Planung selbst darstellen.

Neben diesen beiden fundamentalen Forderungen müssen für eine erfolgreiche strategieorientierte IKS-Planung folgende Grundsätze befolgt werden /vgl. z. B. Rockart 82, S. 8; Earl 86, S. 23 ff./:

- **Einbeziehung der Unternehmensleitung**

  Die Beteiligung der Unternehmensleitung[2] an der IKS-Planung ist aus Grün-

[2] Für die oberste Leitungsebene des Unternehmens wird der Begriff der Unternehmensleitung gewählt. Auf die Bezeichnung "Topmanagement" wird verzichtet, da der Begriff "Management" sich im folgenden nur auf die untere und mittlere Leitungsebene des Unternehmens beziehen soll.

den der unternehmensweiten Akzeptanz des IKS-Plans sowie der Einbindung der wettbewerbsstrategischen Ziele in die IKS-Planung notwendig.

- **Kommunikation zwischen IV-Funktion und Fachabteilungen**

  Die Kommunikation als beidseitiger Informationsaustausch hat auf der einen Seite sicherzustellen, daß dem Management die Auswirkungen der IKS-Entwicklung auf das Unternehmensgeschäft vermittelt werden. Andererseits muß das Management aus den Fachabteilungen seine Informationsbedürfnisse und IKS-Prioritäten der IV-Funktion signalisieren. Die Beteiligung des Managements hat so vor allem zum Ziel, Fehlinvestitionen aufgrund falscher Zielvorgaben und mangelnder Akzeptanz beim Systemeinsatz zu vermeiden.

- **Berücksichtigung der aktuellen Situation der Informationsverarbeitung im Unternehmen**

  Für die Informationsverarbeitung eines Unternehmens existiert keine Muster-IKS-Planung, die den Erfolg dieser Funktion im Unternehmen sicherstellt. Die Gegebenheiten und der Stand der Informationsverarbeitung im Unternehmen müssen möglichst frühzeitig im IKS-Planungsprozeß berücksichtigt werden. Dies betrifft insbesondere die Frage nach Umfang und Inhalt der strategieorientierten IKS-Planung. Welche Aktivitäten innerhalb der IKS-Planung wahrzunehmen sind, hängt von Analysen der strategischen Rolle der Informationsverarbeitung und der IV-Durchdringung des Unternehmens ab. So ist es für ein Unternehmen,

  - das sich in einer relativ frühen Phase der IV-Durchdringung befindet und
  - in dem die strategische Rolle der Informationsverarbeitung als eher gering einzuschätzen ist,

  wenig sinnvoll, den Schwerpunkt der IKS-Planung auf die Kopplung mit der Wettbewerbsstrategie des Unternehmens sowie auf eine starke Einbindung der Unternehmensleitung und des Managements zu legen. Die IKS-Planung wird hier eher konventionellen Ansätzen folgen müssen, da es erst einmal ihr Ziel sein muß, eine Grundversorgung hinsichtlich der Informationstechnik und des umfassenden Einsatzes von Anwendungssystemen sicherzustellen.

- **Integration in das Planungssystem der IV-Funktion**

  Die IV-Funktion als organisatorische Einheit muß neben der IKS-Planung weitere Planungen vornehmen, die nach Inhalt und zeitlichem Horizont miteinander verzahnt sind, vgl. Abbildung 8. Dies sind

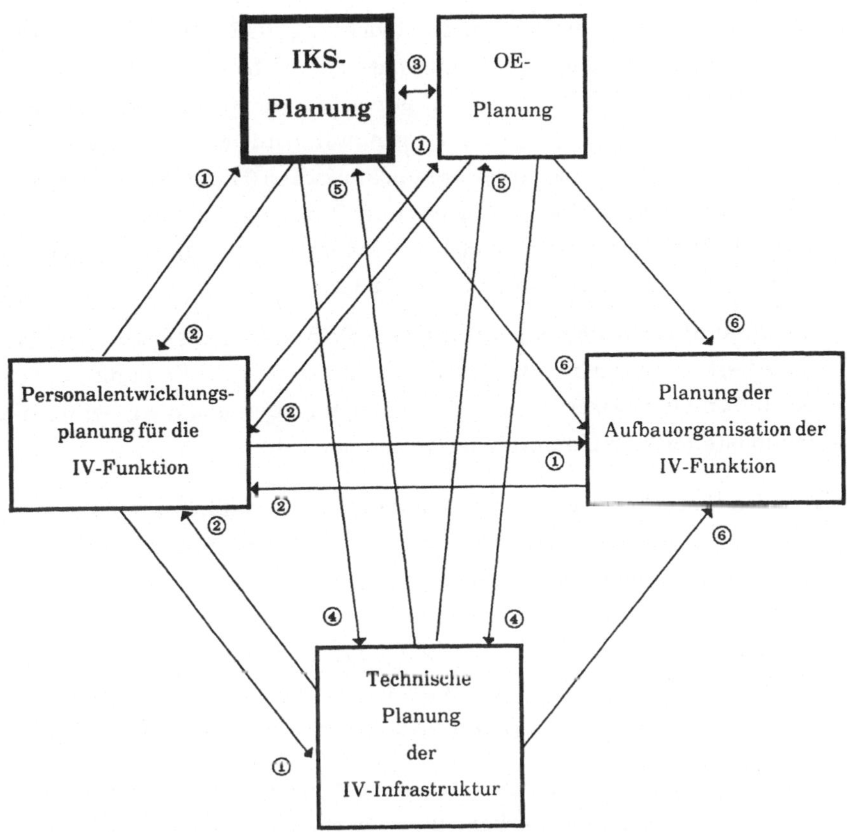

① Beschränkungen durch den Qualifikationsstand des vorhandenen Personals
② fachliche Anforderungen an die Qualifikation der Mitarbeiter
③ Abstimmung zwischen IKS- und OE-Planung
④ Vorgaben für die einzusetzende Informationstechnik
⑤ Beschränkungen durch die derzeit eingesetzte Informationstechnik
⑥ Vorgaben für die organisatorische Zuordnung von Verantwortlichkeiten

Abbildung 8: Verzahnung der Planungen der IV-Funktion

- die technische Planung der IV-Infrastruktur. Diese hat eine Integration der Informationstechniken für Text, Daten, Bild und Sprache zum Ziel.
- die Personalentwicklungsplanung für die IV-Funktion. Hier ist eine Zusammenarbeit mit der Personalfunktion des Unternehmens erforderlich.

- die Planung der Organisationsentwicklung (OE) des Unternehmens. Voraussetzung hierfür ist, daß Informationsverarbeitung und Organisation als betriebliche Teilfunktionen in einem Verantwortungsbereich (der im Sprachgebrauch häufig "Org/DV" genannt wird) zusammengefaßt sind. Dies ist sinnvoll, da "bei einer organisatorischen Trennung von Organisationsabteilung und Datenverarbeitung Konflikte entstehen, weil jedes neue Anwendungssystem in der Datenverarbeitung die Unternehmensorganisation verändert" /Martiny/Klotz 89, S. 58/.
- die Planung der Aufbauorganisation der IV-Funktion. Bedeutung und Umfang dieser Planung hängen wesentlich davon ab, ob die IV-Funktion neben der Informationsverarbeitung für die Organisation und die gesamte Informationstechnik im Unternehmen verantwortlich ist.

Grundsätzlich läßt sich der Prozeß der strategieorientierten IKS-Planung - wie jeder andere Planungsprozeß auch - in verschiedene Aufgabenkomplexe gliedern. Ein vielzitiertes und häufig eingesetztes Vorgehensmodell der IKS-Planung ist das von IBM Mitte der 60er Jahre geschaffene und seitdem weiterentwickelte Business Systems Planning (BSP). Abbildung 9 zeigt als Beispiel für traditionelle Vorgehensmodelle der IKS-Planung die 13 Phasen von BSP, wobei zwei Phasen der Vorbereitung und elf Phasen der eigentlichen Analyse zuzuordnen sind.

Insgesamt kann man aus den in der Literatur beschriebenen Vorgehensmodellen ein gemeinsames Grundschema erkennen, welches fünf Aufgabenkomplexe beinhaltet /vgl. Martiny/Klotz 89, S. 90/:

(1) Schaffung der organisatorischen Voraussetzungen,

(2) Analyse des aktuellen Einsatzes von Informations- und Kommunikationssystemen und ihrer derzeitigen Leistungsfähigkeit,

(3) Definition eines IKS-Sollkonzepts auf der Basis des Unternehmensplans,

(4) Detaillierung von IKS-Projekten,

(5) Erstellung eines IKS-Projektportfolios und Projektauswahl.

Bei dieser Abfolge werden innerhalb des dritten Aufgabenkomplexes (Definition des IKS-Sollkonzepts) potentielle IKS-Projekte hinsichtlich ihrer Unterstützung der Wettbewerbsstrategie beurteilt. Dies entspricht zwar der oben aufgestellten Forderung, nach der die formulierte Wettbewerbsstrategie des Unternehmens die Basis für die IKS-Planung darstellen soll. Es ist jedoch fraglich, ob diese Kopplung noch sinnvoll ist, wenn nicht bereits die vorangegangenen Analysen die

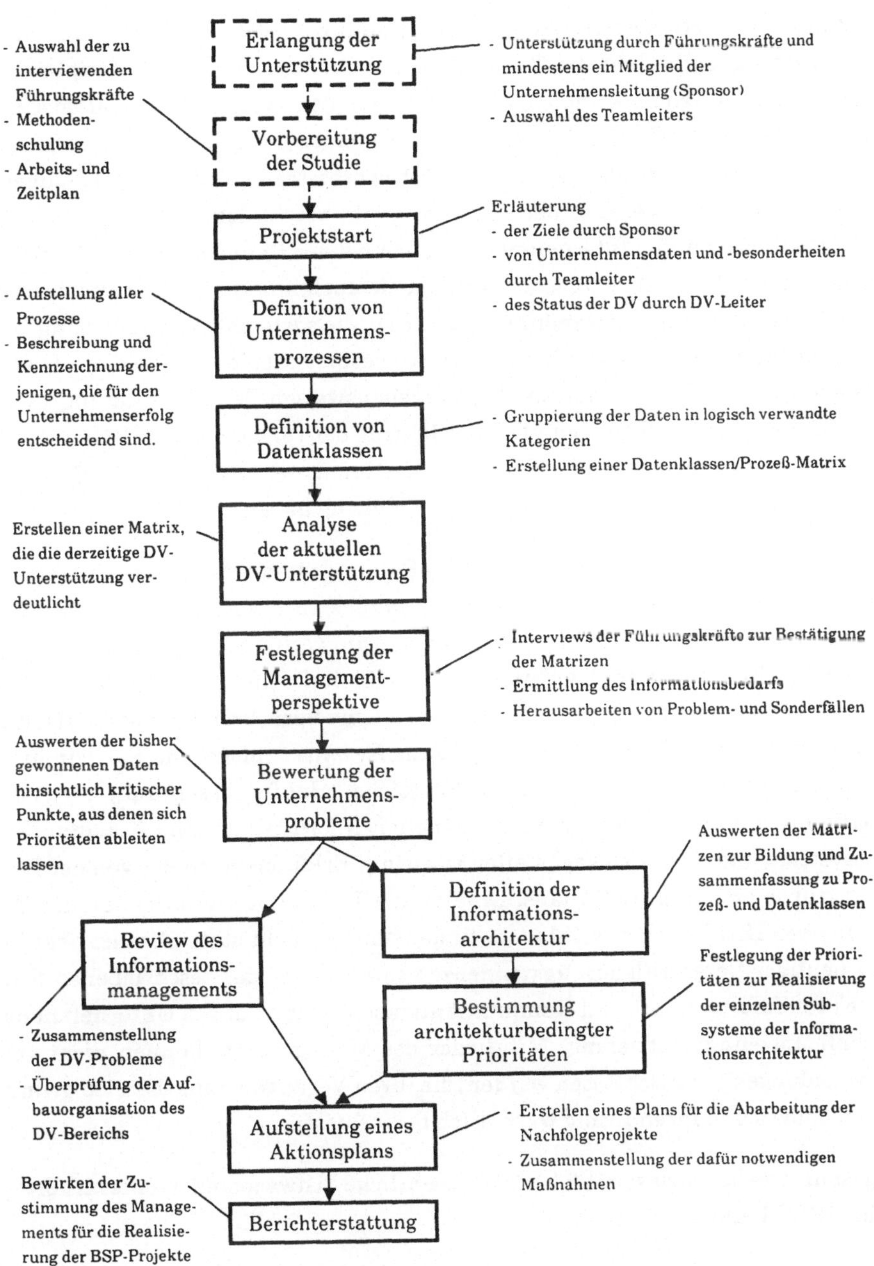

Abbildung 9: Phasen des Business Systems Planning /IBM, zitiert nach Hoyer/Kölzer 87, S. 26 ff./

Ergebnisse der wettbewerbsstrategischen Planung berücksichtigen. Ohne eine solche Verbindung besteht die Gefahr, daß ein Großteil der Analysetätigkeit in vorgelagerten Aufgabenkomplexen letztlich an den wettbewerbsstrategischen Notwendigkeiten "vorbeigeht". Um dies zu vermeiden, ist eine systematische Ableitung von IKS-Prioritäten aus der Wettbewerbsstrategie des Unternehmens notwendig. Hierfür ist es erforderlich, daß sowohl bei der Istaufnahme des aktuellen IKS-Einsatzes im Unternehmen als auch bei der Definition des IKS-Sollzustandes Analysekonzepte eingesetzt werden, die auch innerhalb der wettbewerbsstrategischen Planung Verwendung finden bzw. die systematische Ableitung von IKS-Prioritäten aus der formulierten Wettbewerbsstrategie ermöglichen. Dieser Notwendigkeit kommen traditionelle Vorgehensweisen der IKS-Planung nicht nach. Hier wird in der Regel lediglich der Beitrag der verschiedenen IKS-Projekte für die formulierten strategischen Ziele bestimmt, ohne daß die Projekte in wettbewerbsstrategischen Vorgaben ihren Ursprung haben.

Während somit die Forderung, daß die IKS-Planung auf der formulierten Wettbewerbsstrategie des Unternehmens basieren muß, zumindest teilweise erfüllt ist, findet auf der anderen Seite das Potential, das die verfügbare Informationstechnik für die Unterstützung des Unternehmensgeschäfts bietet, bei der Formulierung der Wettbewerbsstrategie keine ausdrückliche Berücksichtigung. Weiterhin erfolgen konventionelle IKS-Planungen zumeist ohne umfassende Partizipation des Managements der einzelnen Fachbereiche. Häufig beschränkt sich die Beteiligung auf die Istaufnahme der aktuellen Informations- und Kommunikationssysteme und ihrer Schwachstellen sowie auf Erläuterungen des von der Planungsgruppe erstellten IKS-Plans. Eine aktive Teilnahme, vor allem an der Erstellung von IKS-Projektvorschlägen, findet zumeist nicht statt. Dies ist aber im Zuge heutiger Dezentralisierungstendenzen sowie wegen des beschriebenen Einflusses von Informations- und Kommunikationssystemen auf das Unternehmensgeschäft unbedingt notwendig. Mitglieder des Managements können nicht von Entscheidungen ausgeschlossen werden, die ihren Verantwortungsbereich grundlegend ändern und ihren Erfolg wesentlich beeinflussen.

Insgesamt ergeben sich somit folgende wesentliche Schwachstellen einer traditionellen IKS-Planung:

- ungenügende systematische Kopplung zwischen IKS-Planung und wettbewerbsstrategischer Planung,
- keine systematische Analyse des Potentials der Informationstechnik als Voraussetzung der wettbewerbsstrategischen Planung und

- zu geringe Partizipation der Unternehmensleitung sowie des Managements an der IKS-Planung.

Hinzu kommt

- eine zum Teil ungenügende Verzahnung mit den anderen Planungen der IV-Funktion, was insbesondere die Umsetzung der strategieorientierten IKS-Planung in eine operative IKS-Planung erschwert.

Diese vier Probleme gilt es für den Erfolg einer strategieorientierten IKS-Planung zu meistern.

2.2 Überblick über die Aufgabenkomplexe der strategieorientierten IKS-Planung

In Anbetracht der oben formulierten Schwachstellen der strategieorientierten Planung von Informations- und Kommunikationssystemen wird folgendes Vorgehensmodell mit insgesamt sechs Aufgabenkomplexen vorgeschlagen /vgl. Martiny/Klotz 89, S. 101 ff./.

(1) Analyse der informationstechnischen Möglichkeiten

Die Analyse des Potentials, das die heutige Informationstechnik für die Unterstützung des Unternehmensgeschäfts bietet, basiert einesteils auf dem Studium des IT-Einsatzes der Wettbewerber, anderenteils auf einer ständigen Beobachtung der informationstechnischen Entwicklung am Markt. Hierauf beruhen Untersuchungen des IT-Einflusses auf die Branche und auf die Wettbewerbsfaktoren. Daneben müssen die strategische Rolle, die die Informationsverarbeitung für das Unternehmen hat, sowie die IV-Durchdringung des Unternehmens bestimmt werden. Anhand dieser Analysen kann das Potential ermittelt werden, das die am Markt verfügbaren informationstechnischen Produkte und Dienstleistungen für eine Unterstützung der Unternehmensaktivitäten beinhalten.

(2) Verbreitung des informationstechnischen Wissens im Unternehmen

Das bei der Analyse der informationstechnischen Möglichkeiten erworbene Wissen um Stand und Trends der informationstechnischen Produkte und

Dienstleistungen (IT-Wissen) muß innerhalb des Unternehmens verbreitet werden. Zielgruppe dieses Wissenstransfers sind die Unternehmensleitung und das Management der Fachabteilungen.

(3) Istaufnahme des IKS-Einsatzes im Unternehmen

Die Istaufnahme der im Unternehmen eingesetzten Informations- und Kommunikationssysteme liefert ein Bild des derzeitigen IKS-Einsatzes und der in der Durchführungsphase befindlichen IKS-Projekte. Die Analyse der aktuell realisierten Informations- und Kommunikationssysteme ergibt über eine Befragung der Anwender zudem eine Übersicht über die Schwachstellen des derzeitigen IKS-Einsatzes. Hieraus lassen sich Anhaltspunkte für die IKS-Sollkonzeption ableiten.

(4) Entwicklung potentieller IKS-Projekte

Innerhalb der Entwicklung potentieller IKS-Projekte werden zuerst die für die Unternehmensaktivitäten kritischen Erfolgsfaktoren ermittelt und u. a. zum aktuellen und künftigen IKS-Einsatz sowie den im Unternehmen verwendeten Datenklassen in Beziehung gesetzt. Ergebnis der Abbildung dieser Zusammenhänge ist eine Informationsarchitektur. Mit deren Hilfe und unter Berücksichtigung der Schwachstellen des derzeitigen IKS-Einsatzes werden durch Zusammenarbeit zwischen dem Projektteam der IKS-Planung und der Unternehmensleitung sowie dem betrieblichen Management IKS-Projektvorschläge entwickelt.

(5) Definition des IKS-Sollzustandes

Aus der Menge der generierten IKS-Projektvorschläge müssen innerhalb der Definition des IKS-Sollzustandes diejenigen Projektideen selektiert werden, die als Bestandteil eines IKS-Zielportfolios zu realisieren sind. Hierzu sind zuerst die Abhängigkeiten zwischen den einzelnen IKS-Projektvorschlägen zu klären. Diese Vorgehensweise ermöglicht es, solche Projektvorschläge aus der weiteren Planung herauszunehmen, die einen nur geringen Realisierungsaufwand verursachen und unabhängig von anderen Projektvorschlägen verwirklicht werden können. Diese zumeist kleineren Projekte werden sofort der entsprechenden Abteilung - welche in der Regel die Anwendungsentwicklung des Nutzerservices sein wird - zur Realisierung überantwortet. Für den Rest der Projektvorschläge sind auf der Basis der ermittelten Abhängigkeiten eine Zusammenfassung der Projektvorschläge zu potentiellen IKS-Projektgruppen und deren Bewertung vorzunehmen. Für die Ableitung des IKS-Sollzustandes werden sowohl die bestehenden Informations- und Kommunikationssysteme als auch die aktuellen und potentiellen IKS-Projekte bzw. -Projektgruppen in ein Istportfolio eingeordnet. Dieses ermöglicht einen Vergleich der einzelnen (vorhandenen oder vorgeschlagenen) Systeme hinsichtlich ihrer Leistungsstärke und ihrer wettbewerbsstrategischen Bedeutung. Über eine Analyse des IKS-Istportfolios wird das letztlich zu realisierende IKS-Zielportfolio erstellt.

(6) Erstellung des IKS-Plans

Die strategieorientierte IKS-Planung wird mit der Erstellung eines IKS-Plans beendet. Dieser enthält als Maßnahmenkatalog Ziele, Vorschriften und Richtlinien für eine einheitliche Realisierung der innerhalb des IKS-Zielportfolios definierten IKS-Projekte. Hierbei werden die Ziele und die personellen Verantwortlichkeiten jedes einzelnen Projekts, ein Terminplan und das Budget für das gesamte Zielportfolio sowie die bei der Projektdurchführung einzusetzenden Methoden festgelegt.

Dieser IKS-Planungsprozeß ist über

- die Analyse der informationstechnischen Möglichkeiten (1),
- die Verbreitung des informationstechnischen Wissens im Unternehmen (2) und
- die Entwicklung potentieller IKS-Projekte (4)

inhaltlich, methodisch und personell mit dem Planungsprozeß der Wettbewerbsstrategie verbunden. Die bei der Definition des IKS-Sollzustandes (5) hinsichtlich ihrer organisatorischen, technischen und personellen Auswirkungen vorgenommenen Bewertungen der IKS-Projektvorschläge bilden die Schnittstellen zwischen der IKS-Planung und den anderen Planungen der IV-Funktion sowie der Personalentwicklungsplanung des Unternehmens. Zusammen mit dem innerhalb der Erstellung des IKS-Plans entwickelten Maßnahmenkatalog mündet die strategieorientierte Planung von Informations- und Kommunikationssystemen auf diese Weise in die operative IKS-Planung.

Der gesamte hier vorgeschlagene Prozeß der strategieorientierten IKS-Planung stellt sich somit wie in Abbildung 10 beschrieben dar.

Hierbei werden durch die Analyse der informationstechnischen Möglichkeiten (1) und die Verbreitung des informationstechnischen Wissens im Unternehmen (2)

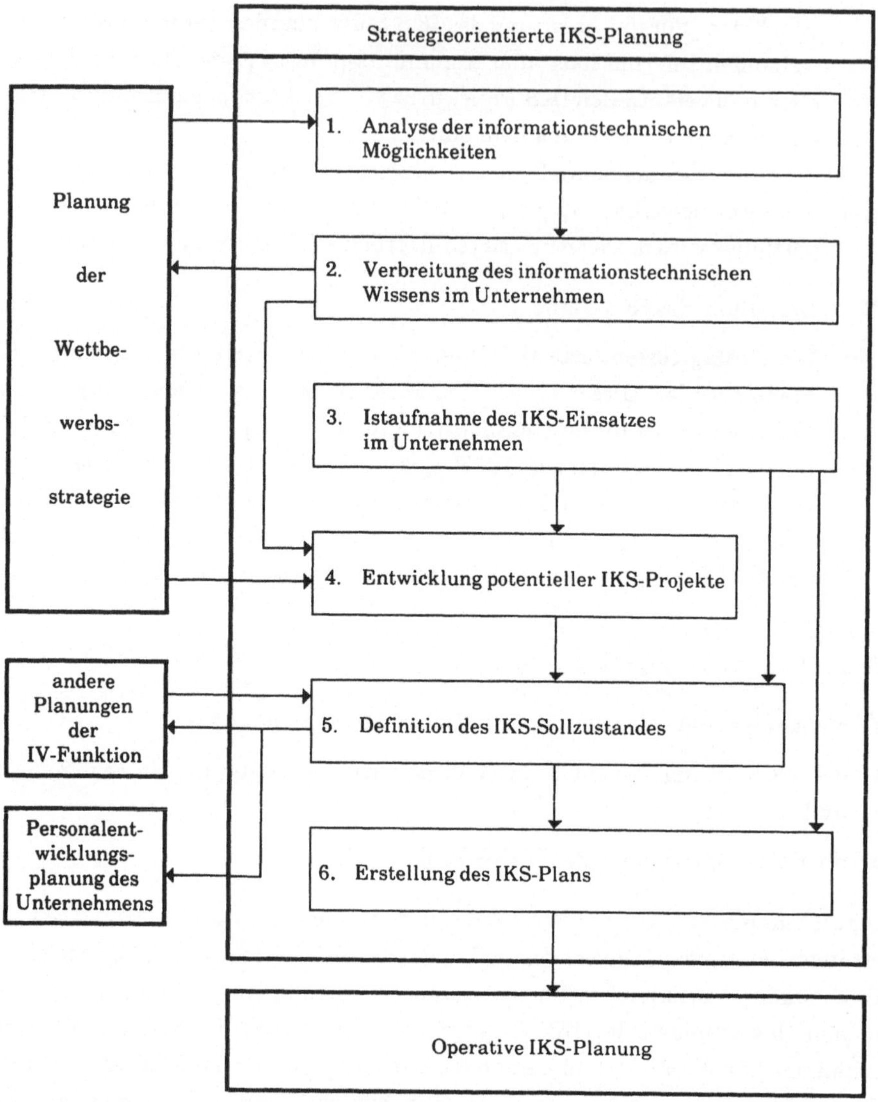

Abbildung 10: Vorgehensmodell der strategieorientierten IKS-Planung

diejenigen Voraussetzungen geschaffen, die die Berücksichtigung des Potentials der verfügbaren informationstechnischen Produkte und Dienstleistungen bei der Formulierung der Wettbewerbsstrategie ermöglichen. Auf der anderen Seite fließen Ergebnisse der wettbewerbsstrategischen Planung an zwei Stellen in die IKS-Planung ein.

- Die Analyse der informationstechnischen Möglichkeiten (1) stützt sich auf die wettbewerbsstrategischen Untersuchungen der Branche, der Konkurrenz und der Wettbewerbsfaktoren.
- Die innerhalb der Planung der Wettbewerbsstrategie erstellte Wertkette als Abbild der strategierelevanten Aktivitäten des Unternehmens geht in die Entwicklung potentieller IKS-Projekte (4) ein. Dort bildet sie die Basis für die Analyse der kritischen Erfolgsfaktoren des Unternehmens, auf welchen wiederum die anschließenden Schritte der IKS-Planung beruhen.

Die Schnittstellen zu den weiteren Planungen betreffen

- die Abstimmung zwischen der IKS-Planung und der OE-Planung,
- die aufgrund der IKS-Planung notwendige Reorganisation der IV-Funktion,
- die Abstimmung mit der technischen Planung der IV-Infrastruktur,
- die Personalentwicklungsplanung für die IV-Funktion,
- die der Personalfunktion des Unternehmens obliegende Personalentwicklungsplanung für die von den Projekten des IKS-Zielportfolios betroffenen Bereiche.

Neben diesen in Abschnitt 2.1 geforderten Kopplungen zeichnet sich das Vorgehensmodell durch eine umfassende Information und Partizipation der Unternehmensleitung und des Managements aus.

- Unternehmensleitung und Management werden über die aktuelle informationstechnische Entwicklung am Markt ständig informiert (2). Dies schafft die Voraussetzungen dafür, daß die informationellen Ressourcen des Unternehmens wirklich als Produktionsfaktor verstanden und entsprechend eingesetzt werden.
- Die innerhalb der Istaufnahme (3) vorgenommene Analyse der Schwachstellen des derzeitigen IKS-Einsatzes beruht auf der Beurteilung durch das Management der Fachabteilungen als Anwender dieser Systeme. Die hier festgestellten Problembereiche werden bei der Entwicklung potentieller IKS-Projekte (4) berücksichtigt.
- Die Entwicklung von Vorschlägen für IKS-Projekte (4) erfolgt auf der Basis der von Unternehmensleitung und Management für die Unternehmensaktivitäten definierten kritischen Erfolgsfaktoren. Aus diesen werden der spezifi-

sche Informationsbedarf bzw. die notwendige IKS-Unterstützung abgeleitet, was wiederum zu Vorschlägen für potentielle IKS-Projekte führt.

Innerhalb der Analyse der informationstechnischen Möglichkeiten wird durch die Untersuchungen der IV-Durchdringung und der strategischen Rolle die Bedeutung der Informationsverarbeitung für das Unternehmen ermittelt. Hinsichtlich der Berücksichtigung dieser Bedeutung gilt, daß der hier verfolgte Ansatz einer strategieorientierten IKS-Planung für Unternehmen umso geeigneter ist,

- je weiter sie in ihrer IV-Durchdringung fortgeschritten sind,
- je mehr der Druck der Unternehmensumwelt dazu zwingt, IKS-Prioritäten zu überdenken und
- je bedeutender die strategische Rolle der Informationsverarbeitung für das Unternehmensgeschäft ist.

Das Vorgehensmodell kann als Rahmen für eine Systematisierung der vorliegenden Erkenntnisse zum Thema der strategieorientierten IKS-Planung verstanden werden. Ein solcher Rahmen ist Voraussetzung für eine weitergehende Formalisierung des Wissens um Prozeß und Inhalte der IKS-Planung, mit der letztlich das Ziel verfolgt wird, diese Planung selbst durch Informationssysteme zu unterstützen. Diesbezügliche aktuelle Entwicklungen richten sich

- einerseits auf eine Integration der strategieorientierten IKS-Planung in den Prozeß des Software-Engineering und eine entsprechende Unterstützung innerhalb einer CASE-Umgebung /vgl. I/S Analyzer 88, S. 10/ sowie
- andererseits auf Expertensysteme, die in der Lage sind, eng begrenzte Entscheidungsfelder in einzelnen Aufgaben der IKS-Planung abzudecken /vgl. Gongla u. a. 88; Mockler 89, S. 240-257/.

Für die praktische Anwendung ist es notwendig, unternehmensspezifische Gegebenheiten mit dem vorgeschlagenen Modell zu verbinden bzw. dieses entsprechend zu modifizieren. Dies gilt vor allem für die in den einzelnen Aufgabenkomplexen zu absolvierenden Aufgaben.

Die hier dargestellten Aufgabenkomplexe einer strategieorientierten IKS-Planung sind nicht nur mit der wettbewerbsstrategischen Planung, sondern auch untereinander konzeptionell verzahnt. Die wesentlichen Konzepte, die hierbei Verwendung finden, werden im nächsten Abschnitt erläutert.

2.3 Wesentliche Konzepte der strategieorientierten IKS-Planung

Als für eine strategieorientierte IKS-Planung wesentliche Konzepte behandelt dieser Abschnitt

- die Wertkette des Unternehmens als Voraussetzung der IKS-Planung,
- die kritischen Erfolgsfaktoren als Bindeglied zwischen der wettbewerbsstrategischen Planung und der IKS-Planung,
- die Informationsarchitektur des Unternehmens als Grundriß der IKS-Planung und
- das IKS-Portfolio als Entscheidungsgrundlage der IKS-Planung.

Diese im folgenden dargestellten Konzepte sind zu verschiedenen Zeitpunkten und mit unterschiedlichen Intentionen enstanden.

So entstammt die Konzeption der Wertkette eines Unternehmens dem Gedankengut der wettbewerbsstrategischen Planung, wie sie von Porter Mitte der 80er Jahre entworfen wurde. Erst in jüngster Zeit wurde die Möglichkeit der Verwendung dieses Ansatzes für die strategieorientierte Planung von Informations- und Kommunikationssystemen erkannt /vgl. Porter/Millar 86, S. 28 ff.; Lederer/Sethi 88, S. 446/.

Das Konzept der kritischen Erfolgsfaktoren (KEF) basiert auf den Ausführungen von Rockart aus dem Jahre 1979, wobei der Begriff auf Daniel zurückgeht, der bereits 1961 eine "Management Information Crisis" beklagte. Ziel der ersten Überlegungen war der Einsatz der KEF-Analyse für die Bestimmung des subjektiven Informationsbedarfs von Führungskräften als Voraussetzung des Einsatzes rechnergestützter Management-Informations-Systeme (MIS). Auch für das KEF-Konzept wird erst in letzter Zeit von verschiedenen Autoren eine Erweiterung des Ansatzes hinsichtlich einer strategieorientierten IKS-Planung diskutiert /vgl. z. B. Henderson/Sifonis 88, S. 189 ff./.

Konzepte für die Erstellung einer Informationsarchitektur (IA) entstanden Mitte der 80er Jahre aus dem Bedürfnis heraus, Kommunikationsschwierigkeiten bei der IKS-Planung zu überwinden. So unterschiedlich die hierbei verwendeten Begriffe auch sind (zu finden sind auch Bezeichnungen wie Informationsverarbeitungsplan, IV-Architektur u. a. m.), handelt es sich doch immer um ein Beschreibungsmodell der Informationsverarbeitung im Unternehmen, welches als Mittel der Verständigung zwischen der IV-Funktion und den IV-Anwendern dienen soll. Neuere Überlegungen schlagen vor, die Informationsarchitektur als weitergehendes Hilfsmittel für eine Unterstützung der Analyse- und Gestaltungsprozesse der IKS-Planung zu verwenden /vgl. z. B. Earl 89, S. 97/.

Das IKS-Portfolio basiert auf der weitverbreiteten Portfoliotechnik. Diese wurde vor allem von US-amerikanischen Unternehmensberatungen für die unterschiedlichsten Analysezwecke entwickelt und gelangte auch seit Mitte der 70er Jahre als Instrument der strategischen Planung in deutschen Unternehmen zum Einsatz. Das hier verwendete Konzept stellt eine Erweiterung dieser Ansätze hinsichtlich der Anwendung für die strategieorientierte IKS-Planung dar.

Diese vier Konzepte werden im weiteren nacheinander beschrieben. Die Integration der einzelnen Ansätze innerhalb einer strategieorientierten IKS-Planung ist Thema des Abschnitts 2.4.

2.3.1 Die Wertkette des Unternehmens als Voraussetzung einer strategieorientierten IKS-Planung

Nach dem Modell der Wertkette[3] besteht ein Unternehmen aus einer Menge von Aktivitäten zur Entwicklung, zur Produktion, zum Vertrieb, zur Distribution und zur Wartung von Produkten und Dienstleistungen /nach Porter 86, S. 62 ff./. Die einzelnen Aktivitäten versteht Porter als "strategisch relevante Tätigkeiten", die als vorhandene oder potentielle "Differenzierungsquellen" anzusehen sind /nach Porter 86, S. 59/. "Wenn ein Unternehmen diese strategisch wichtigen Aktivitäten billiger oder besser als seine Konkurrenten erledigt, verschafft es sich einen Wettbewerbsvorteil" /ebd./. In dieser Betrachtung rücken Überlegungen zur Gestaltung der Wertkette eines Unternehmens in die Nähe einer Wertanalyse, die jede organisatorische Gestaltungsmaßnahme, jeden Arbeits-, Informations- und Entscheidungsprozeß hinsichtlich Kerngeschäftsrelevanz und Kundennutzen untersucht /nach Eiff 89, S. 64/.

Die Unternehmensaktivitäten sind keinesfalls gleichzusetzen mit den Organisationseinheiten des Unternehmens. Diese können mehrere Aktivitäten oder auch oft nur Bruchteile einzelner Aktivitäten umfassen. Die Analyse der Wertkette

---

[3] Viele Autoren verwenden auch den Begriff der Wertschöpfungskette. Diese repräsentiert z. B. für Eiff "das Kerngeschäft des Unternehmens und umfaßt diejenigen Leistungsprozesse, deren Ergebnis (Produkt) die Kompetenz des Unternehmens am Markt ausmacht" /Eiff 89, S. 64/.

einer Unternehmung stellt somit eine Formalisierung des Unternehmens nach Prozeßstrukturen dar, wobei der Schwerpunkt auf den operativen Prozessen, d. h. physikalischen Transformationsaktivitäten und administrativen Aktivitäten, liegt /vgl. Hill u. a. 76, S. 26/.

Porter teilt die Wertkette einer Unternehmung allgemein in fünf primäre und vier sekundäre (unterstützende) Aktivitätengruppen auf, vgl. Abbildung 11.

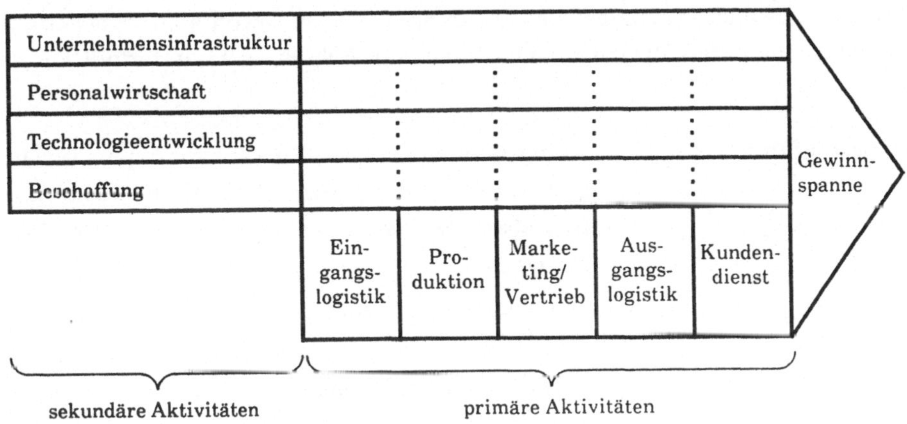

Abbildung 11: Wertkettenmodell /nach Porter 86, S. 62/

Zu den primären Aktivitäten zählen

- Eingangslogistik: Aktivitäten zur Erlangung, Speicherung und internen Distribution von Inputgütern (z. B. Transportwesen, Lagerhaltung, Bestandsführung, Lieferantenkontakte);
- Produktion: Aktivitäten der Transformation der Inputgüter in Endprodukte (z. B. Fertigung und Montage, Verpackung, Druck, Qualitätskontrolle);
- Ausgangslogistik: Aktivitäten der Speicherung sowie der Distribution der Endprodukte zum Kunden (z. B. Lagerhaltung und Bestandsführung der Endprodukte, Transportplanung, Auftragsverwaltung);

- Marketing/Vertrieb: Aktivitäten zur Vorbereitung, Förderung und Durchführung des Absatzes der Endprodukte (z. B. Werbung, Verkaufsförderung, Planung der Vertriebswege);
- Kundendienst: Aktivitäten zur Werterhaltung des Produkts beim Kunden (z. B. Installation, Wartung, Ersatzteillieferung, Schulung).

Während die konkreten primären Aktivitäten innerhalb dieser Gruppen von Branche zu Branche variieren, sind die unterstützenden Aktivitäten branchenunabhängig. Die unterstützenden Aktivitäten, vgl. Abbildung 11, unterteilt Porter in:

- Beschaffung: Aktivitäten, die auf den Einkauf von Inputs für die gesamte Wertkette gerichtet sind (Roh-, Hilfs- und Betriebsstoffe, Maschinen, Gebäude, Dienstleistungen etc.);
- Technologieentwicklung: Aktivitäten zur Produkt- und Verfahrensverbesserung (z. B. Erwerb von Know-how, Optimierung von Arbeitsabläufen, Verbesserung der verfahrenstechnischen Ausrüstung);
- Personalwirtschaft: Aktivitäten der Personalanwerbung und -einstellung, Personalaus- und -weiterbildung sowie Personalentlohnung;
- Unternehmensinfrastruktur: zentrale Aktivitäten zur Unterstützung der gesamten Wertkette (z. B. Geschäftsführung, Controlling, Finanzierung, Rechtsfragen).

Die gestrichelten Linien in Abbildung 11 bringen zum Ausdruck, daß die jeweiligen unterstützenden Aktivitäten sowohl auf die gesamte Wertkette als auch auf einzelne primäre Aktivitäten bezogen werden können. Lediglich die Unternehmensinfrastruktur unterstützt ausschließlich die gesamte Wertkette des Unternehmens.

Der Aufwand zur Durchführung aller Aktivitäten determiniert die Gesamtkosten der Wertkette. Der jeweilige Beitrag einer Aktivität zur Wertschöpfung macht den Wert dieser Aktivität aus. Die Gewinnspanne ergibt sich dann als Differenz aus dem Gesamtwert und den Gesamtkosten aller Aktivitäten der Wertkette.

Weiterhin unterscheidet Porter sowohl für die primären als auch für die sekundären Aktivitäten zwischen drei Aktivitätentypen /im folgenden in Anlehnung an Porter 86, S. 71 f./:

- direkte Aktivitäten als an der Wertbildung für den Kunden direkt beteiligte Aktivitäten (z. B. Produktgestaltung, Fertigung und Montage, Werbung);
- indirekte Aktivitäten, die die kontinuierliche Ausführung der direkten Aktivitäten ermöglichen (z. B. Instandhaltungs- und Verwaltungsaktivitäten);
- Aktivitäten, die die Qualität der anderen Aktivitäten sichern (z. B. Qualitätsüberwachung und -test, Überarbeitungsaktivitäten).

Der wesentliche Aspekt bei der Analyse dieser drei Aktivitätentypen ist die Erkenntnis, daß zwischen den direkten und indirekten Aktivitäten häufig Wechselwirkungen bestehen, die sich als Alternativen beschreiben lassen (z. B. senken Instandhaltungsmaßnahmen Kosten, die in der Fertigung entstehen). Genauso wirken sich qualitätssichernde Aktivitäten "oft auf Kosten und Wirkungsgrad anderer Aktivitäten aus, und die Art und Weise der Ausführung anderer Aktivitäten beeinflußt umgekehrt die erforderlichen Typen qualitätssichernder Aktivitäten" /Porter 86, S. 72/.

Die allgemeine Wertkette muß als Werkzeug der wettbewerbsstrategischen Planung in weitere Aktivitäten zerlegt werden. Abbildung 12 zeigt dies beispielhaft für die Aktivitätengruppe "Marketing/Vertrieb".

Die Definition einer Tätigkeit als wettbewerbsrelevante Aktivität soll erfolgen, wenn sie

- spezifische wirtschaftliche Zusammenhänge umfaßt,
- ein hohes Potential für eine Differenzierung gegenüber den Wettbewerbern bietet oder
- einen wesentlichen Anteil an den Gesamtkosten der Wertkette verursacht /nach Porter 86, S. 73/.

"Mit dem Konzept der Wertkette werden immer feinere Unterscheidungen bestimmter Aktivitäten herausgearbeitet, wenn sich aus der Analyse wettbewerbsrelevante Unterschiede ergeben; andere Aktivitäten werden zusammengefaßt, weil sie sich als irrelevant für den Wettbewerb erweisen oder ähnlichen wirtschaftlichen Regeln folgen" /ebd./. Diese Sichtweise ermöglicht es, jede Tätigkeit des Unternehmens einer primären oder sekundären Aktivität zuzuordnen /vgl.

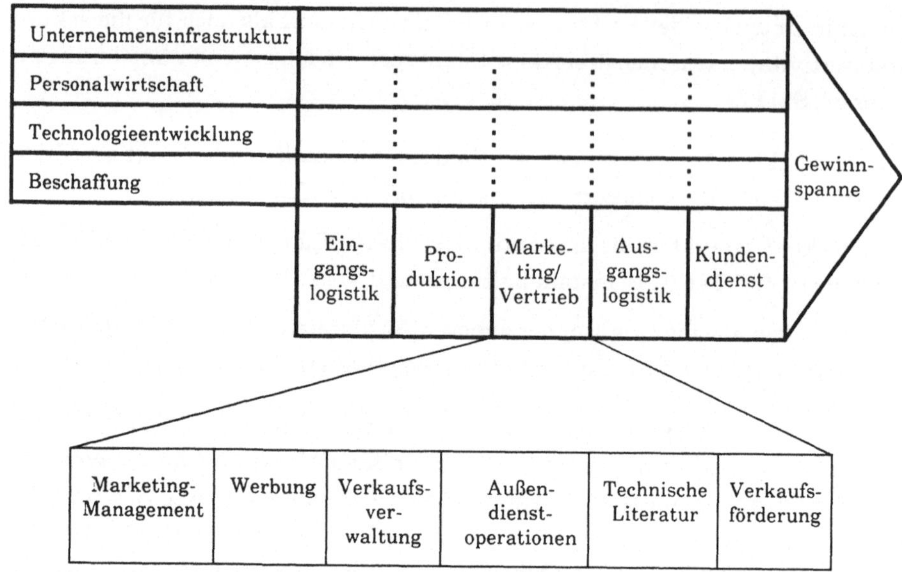

Abbildung 12: Unterteilung eines Wertkettenmodells /nach Porter 86, S. 74/

Porter 86, S. 76/. Entsprechend ihrer wettbewerbsstrategischen Bedeutung werden sie als Aktivität entweder einzeln betrachtet oder zu einer Aktivität zusammengefaßt. Die Definition der Wertkette des Unternehmens innerhalb der wettbewerbsstrategischen Planung liefert so eine die gesamte Unternehmung umfassende Aufteilung nach Unternehmensaktivitäten[4].

Ansatzpunkte für die Planung von Informations- und Kommunikationssystemen bietet ein detailliertes Wertkettenmodell auf zweierlei Art.

- Erstens lassen sich die einzelnen Aktivitäten bzw. die Kombinationen aus primären und sekundären Aktivitäten als potentielle Einsatzfelder für informationstechnische Produkte betrachten. So könnten z. B. durch die Definition einer Aktivität "Verkaufsförderung" (vgl. Abbildung 12) Ideen zum Einsatz rechnergestützter Präsentationshilfen entstehen. Schon die Zuordnung bestehender Informations- und Kommunikationssysteme zu den einzelnen Akti-

[4] Formal kann die Definition von Aktivitäten durch Clusteranalysen unterstützt werden. Diese multivariaten statistischen Verfahren ermöglichen eine Identifizierung relativ homogener Gruppen /vgl. Eckes/Roßbach 80, S. 9/.

vitäten der Wertkette läßt Lücken in der derzeitigen Rechnerunterstützung des Unternehmensgeschäfts deutlich werden.

- Der zweite Ansatzpunkt für die IKS-Planung berücksichtigt, daß die Aktivitäten der Wertkette keine sequentielle Abfolge repräsentieren, sondern vielmehr netzwerkartig miteinander verknüpft sind /vgl. Porter 86, S. 76/. "Verknüpfungen sind die Beziehungen, die zwischen einer Wertaktivität und den Kosten und der Durchführung einer anderen bestehen" /ebd./. Die Betrachtung von Verknüpfungen vermeidet eine isolierte Betrachtung einzelner Aktivitäten und ermöglicht die Untersuchung von ganzheitlichen Abläufen /vgl. Scheer 89, S. 57/. Dies ist deshalb von entscheidender Bedeutung, da eine solche Analyse Voraussetzung ist für die integrative Planung des Einsatzes von Informations- und Kommunikationssystemen im Unternehmen.

  Verknüpfungen können eine Koordination zwischen Aktivitäten erfordern, oder sie müssen als Optimierung auf ein gemeinsames Ziel hin ausgerichtet werden. Gelingt es, die Verknüpfungen zwischen den Aktivitäten zu unterstützen, führt dies zu Kosteneinsparungen und einer Differenzierung gegenüber den Wettbewerbern. Relevanz für die IKS-Planung erreichen diese Verknüpfungen nun dadurch, daß Informations- und Kommunikationssysteme die Nutzung von Verknüpfungen zwischen den Aktivitäten ermöglichen. Hierfür müssen Informations- und Kommunikationssysteme insbesondere in der Lage sein, organisatorische Grenzen zu überschreiten /vgl. Porter 86, S. 78/. Dies ist ein Gedanke, mit dem Porter die unternehmensstrategische Bedeutung der CIM-Bewegung frühzeitig umrissen hat.

2.3.2 Kritische Erfolgsfaktoren als Bindeglied zwischen wettbewerbsstrategischer Planung und strategieorientierter IKS-Planung

Das Konzept der kritischen Erfolgsfaktoren (KEF bzw. CSF für Critical Success Factor) hat seine Grundlagen in der von Daniel thematisierten "Management Information Crisis" /s. Daniel 61, S. 111 f./ . Nach Untersuchungen Daniels existiert in den meisten Branchen eine begrenzte Zahl kritischer Erfolgsfaktoren, die den Erfolg einer Unternehmung in entscheidendem Maße beeinflussen /vgl. Daniel 61, S. 116/. Trotz der Mehrdimensionalität und Multikausalität des Unternehmenserfolges entscheiden demnach einige wenige Schlüsselfaktoren über Erfolg oder Mißerfolg /vgl. Hoffmann 86, S. 832/.

Anthony u. a. stellten ähnliche Überlegungen an und konkretisierten den Ansatz indem sie nachwiesen, daß kritische Erfolgsfaktoren nicht nur für eine Branche, sondern auch für bestimmte Unternehmungen analysiert werden können /vgl. Anthony u. a. 72/. Demnach unterscheiden sich kritische Erfolgsfaktoren nicht nur nach der Branche, sondern auch in Abhängigkeit von der Auffassung der Führungskräfte über die wesentlichen Erfolgsgrößen des jeweiligen Unternehmens. Aus diesen Erkenntnissen wurden an der Sloan School of Management die methodischen Grundlagen entwickelt, um Manager bei der Identifikation und Bewertung ihrer kritischen Erfolgsfaktoren und dem daraus resultierenden Informationsbedarf zu unterstützen /vgl. Rockart 79, S. 81 f./.

Kritische Erfolgsfaktoren stellen Bereiche höchstrangiger Bedeutung für eine spezifische Führungskraft in einer spezifischen Branche zu einem ganz bestimmten Zeitpunkt dar /vgl. Bullen/Rockart 81, S. 14/. Grundgedanke der Methode ist es, die wesentlichen Leitlinien, an denen Manager ihre Entscheidungen orientieren, sichtbar werden zu lassen und auf dieser Basis die für die Entscheidungsprozesse relevanten Informationen herauszuarbeiten. Das Verfahren unterstützt eine Führungskraft bei der Definition ihres Informationsbedarfes. Eine Analyse der kritischen Erfolgsfaktoren liefert damit auch die Grundlage für Prioritäten zur Entwicklung geeigneter Informationssysteme, die den erkannten Informationsbedarf des Managements decken /vgl. Henderson u. a. 87, S. 8/.

Gegenstand einer KEF-Untersuchung können sowohl Branchen, Unternehmungen, organisatorische Teilsysteme (Funktionsbereiche, Sparten) und Unternehmensaktivitäten sein, wobei sich das Verfahren auf die wesentlichen, erfolgsrelevanten Bereiche und Problemstellungen konzentriert. Berücksichtigung finden dabei nicht nur 'hard facts', sondern auch subjektiv beurteilte Größen. Mit Hilfe der KEF-Methode werden häufig nur implizit eingesetzte erfolgsdeterminierende Kriterien explizit herausgestellt.

Die wettbewerbsrelevanten Erfolgsfaktoren sind von der Unternehmensumwelt, der Branche, unternehmensspezifischen Einflüssen und den persönlichen Wertvorstellungen der Führungskräfte abhängig. Sie sind somit keine Standardgrößen, die sich beliebig auf andere Unternehmen übertragen lassen, sondern beziehen sich immer auf ein spezielles Management, ein spezielles Unternehmen zu einem ganz bestimmten Zeitpunkt /vgl. Rockart 79 und Bullen/Rockart 81/.

Die Erfolgsfaktoren eines Managements können aus fünf Quellen abgeleitet werden, vgl. Abbildung 13.

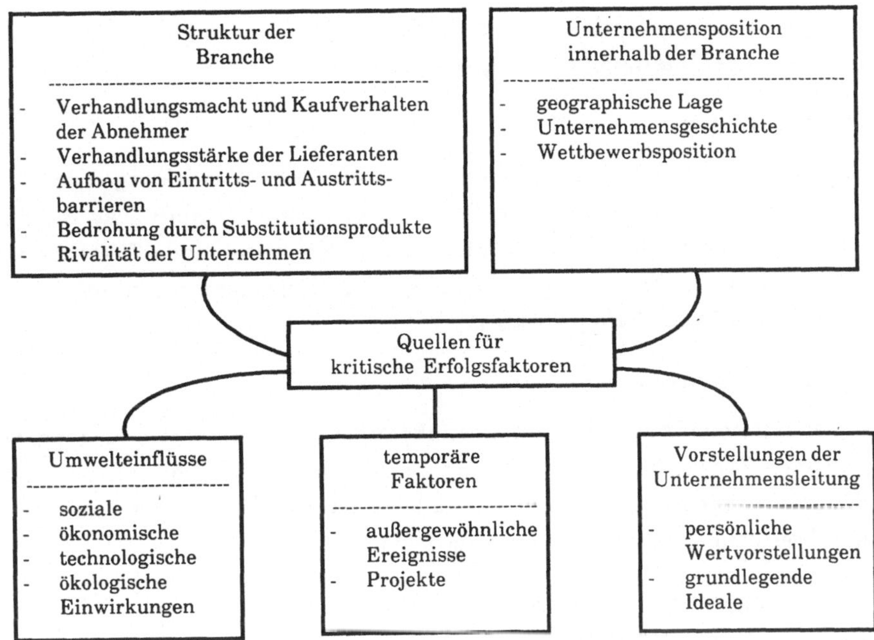

Abbildung 13: Quellen kritischer Erfolgsfaktoren

- Struktur der Branche

  Für jede Branche lassen sich eine Reihe kritischer Erfolgsfaktoren aufführen, die sich aus der jeweiligen Struktur bestimmen. Jede Unternehmung dieser Branche muß sich an diesen Faktoren orientieren, um erfolgreich agieren zu können. Branchentypische Erfolgsfaktoren können zeitlichen Veränderungen unterworfen sein, wenn sich die ökonomischen, technischen, sozialen oder politischen Umweltbedingungen ändern.

- Unternehmensposition innerhalb der Branche

  In Abhängigkeit von der speziellen Wettbewerbsstrategie und der Position des Unternehmens innerhalb der Branche ergeben sich wiederum bestimmte Erfolgsfaktoren. So muß beispielsweise eine kleine Unternehmung in einer Branche stets auf die Sicherung ihrer Marktnische bedacht sein. Wird eine Branche durch ein führendes Unternehmen dominiert, so ergibt sich für die konkurrierenden Unternehmungen als kritischer Erfolgsfaktor die Orientierung an der Strategie des Branchenführers. Auch die geographische Lage eines Unternehmens kann als entscheidender Erfolgsfaktor angesehen werden. Ein Firmenstandort mit schwacher Infrastruktur bewirkt möglicherweise, daß Transportkosten zu einem kritischen Faktor werden, wohingegen diese Einflußgröße für städtische Unternehmen weniger erfolgsrelevant sein wird.

- Umwelteinflüsse

  Soziale, ökonomische, technologische und ökologische Einwirkungen der Umwelt sind durch Maßnahmen der Unternehmung kaum beeinflußbar. Sie stellen jedoch in gewissem Maße ebenfalls erfolgsdeterminierende Faktoren dar. So kann z. B. die Zins- oder Energiepreisentwicklung starken Einfluß auf den unternehmerischen Erfolg ausüben.

- Temporäre Faktoren

  Unter extremen Umständen können außerordentliche Ereignisse zu einem bestimmten Zeitpunkt die Zielrichtung eines Unternehmens beeinflussen und damit kritische Erfolgsfaktoren darstellen (z. B. Personalengpaß durch einen gleichzeitigen Austritt mehrerer Mitarbeiter).

- Vorstellungen der Unternehmensleitung

  Die strategische Unternehmensplanung ist in starkem Maße von den persönlichen Wertvorstellungen und grundlegenden Idealen der Unternehmensleitung abhängig. Daher werden auch die Erfolgsfaktoren von der individuellen Einschätzung der Führungskräfte beeinflußt.

Aus der Sicht einer Unternehmung können vier verschiedene hierarchische Ebenen kritischer Erfolgsfaktoren bestimmt werden /vgl. Bullen/Rockart 81, S. 19 f./. Diese Ebenen sind:

- branchenspezifische kritische Erfolgsfaktoren

  Branchenspezifische kritische Erfolgsfaktoren beeinflussen jede Unternehmung der Branche bei der Entwicklung ihrer Ziele und Strategien. In Abhängigkeit von der Umweltsituation und der Wettbewerbsstruktur existieren für jede Branche derartige Faktoren, die den Erfolg einer Strategie in der Branche bestimmen.

- unternehmensspezifische kritische Erfolgsfaktoren

  Aus diesen branchenabhängigen Vorgaben lassen sich unternehmensspezifische kritische Erfolgsfaktoren ableiten. Unter Berücksichtigung der für die Branche typischen Indikatoren kommt hier die unternehmensspezifische Situation zum Ausdruck. Nicht immer ist jedoch eine deduktive Ableitung aus branchenspezifischen Faktoren sinnvoll. Häufig erweisen sich gerade diejenigen Unternehmen als erfolgreich, die sich durch eine neuartige kreative Definition ihrer kritischen Erfolgsfaktoren auszeichnen.

- subsystemspezifische kritische Erfolgsfaktoren

  Unternehmenstypische Umstände bilden wiederum die Vorgabe für die Ableitung subsystemspezifischer kritischer Erfolgsfaktoren unter Berücksichtigung der bereichsrelevanten Umwelteinflüsse und temporärer Faktoren.

- individuelle kritische Erfolgsfaktoren

  Auf jeder organisatorischen Stufe existieren für Manager individuelle Erfolgsfaktoren, die von der spezifischen Situation der Führungskraft und temporärer Kriterien abhängen.

Die von Bullen und Rockart vorgeschlagene Methode zur KEF-Ermittlung stützt sich im wesentlichen auf Interviews, die in zwei bis drei Befragungsrunden durchgeführt werden /vgl. Bullen/Rockart 81, S. 45 ff./. Im Verlauf einer Analyse werden verschiedene Manager nach ihren kritischen Erfolgsfaktoren befragt, um auf diese Weise die Indikatoren für das Unternehmen als Ganzes herauszukristallisieren.

Aufgrund der Erfahrungen aus mehreren Anwendungen beinhaltet eine Analyse der kritischen Erfolgsfaktoren grundsätzlich folgende Schritte:

(1) Analyse der wichtigsten strategischen und operativen Ziele,

(2) Identifikation der kritischen Erfolgsfaktoren,

(3) Entwicklung von Indikatoren als Meßkriterien für jeden ermittelten Erfolgsfaktor,

(4) Ermittlung des relevanten Informationsbedarfs für die Indikatoren.

Diese Schritte bilden die eigentliche Analyse der kritischen Erfolgsfaktoren, die durch einen zuvor erstellten Bezugsrahmen ihre Problemorientierung erhält. Die Erarbeitung des Bezugsrahmens hat starken Einfluß auf den Erfolg der Methode /vgl. Bullen/Rockert 81, S. 46/. Dem Interviewer dient diese der Befragung vorgelagerte Phase zur Auseinandersetzung mit dem Untersuchungsobjekt und zum Aufbau eines spezifischen Problemverständnisses. Im Rahmen der Voruntersuchung sollte der Interviewer Informationen über

- die relevante Branche,
- die Wettbewerbsfaktoren,

- die Struktur der Unternehmung,
- die Konkurrenzsituation,
- den wirtschaftlichen Status und
- die Grundstrategie des Unternehmens

sammeln. Vor der eigentlichen Analyse sind zudem der Aufgabenbereich und das Selbstverständnis sowie die Arbeitseinstellung der interviewten Führungskraft zu ermitteln. Dies ist wichtig für eine Verbindung zwischen den Aufgabenbereichen des jeweiligen Managers und der Unternehmenssituation /vgl. Bullen/ Rockart 81, S. 52/. Die Führungskraft wird dabei bezüglich ihrer Stellung im Unternehmen, ihrem Verantwortungsbereich, ihren spezifischen Problemen und Aufgaben sowie ihrer Rolle im Bereich strategischer Entscheidungen befragt. Anhand der Arbeitsauffassung des Managers lassen sich erste Erkenntnisse für die spätere Identifikation kritischer Erfolgsfaktoren der Führungskraft gewinnen. So ist für eine KEF-Analyse z. B. von Bedeutung, ob ein Manager eher nach Veränderungen strebt oder einen bestimmten Status zu halten gewillt ist.

Die eigentliche Analyse der kritischen Erfolgsfaktoren beginnt mit der Festlegung der relevanten strategischen und operativen Ziele, da die Bedeutung der Faktoren nur in Verbindung mit den angestrebten Zielen ermittelt werden kann. Im nächsten Schritt werden die kritischen Erfolgsfaktoren, die für die Erreichung der genannten Ziele relevant sind, identifiziert. Hierbei kann es sich sowohl um quantitative Faktoren als auch eher qualitative ("soft facts") handeln. Im folgenden Schritt wird die Operationalisierung der erfragten kritischen Erfolgsfaktoren angestrebt. Hierzu werden Indikatoren ermittelt, die als Beurteilungsmaßstab für die Entwicklung der jeweiligen Faktoren hinzugezogen werden können. Auf diese Weise wird die Erarbeitung des relevanten Informationsbedarfes ermöglicht.

Anhand der Ergebnisse der einzelnen Interviews und der dort ermittelten kritischen Erfolgsfaktoren kann eine entsprechende Liste der Kriterien für das Gesamtunternehmen erstellt werden. Aus einer derartigen Aggregation der individuellen Faktoren läßt sich im nächsten Schritt der relevante Informationsbedarf der Führungskräfte bestimmen. Hierbei werden diejenigen Informationen ermittelt, die für die Ziel- und Aufgabenerfüllung der interviewten Manager von Bedeutung sind.

Die KEF-Methode zielt in erster Linie auf die Bedürfnisse der oberen Managementebene des Unternehmens und definiert vornehmlich den Informationsbedarf der Unternehmensleitung. Die Technik ist jedoch durchaus übertragbar auf jede

Managementebene des Unternehmens /vgl. Rockart 79, S. 88/. Zusammenfassend lassen sich die Vorteile des Verfahrens folgendermaßen darstellen.

Die KEF-Methode

- führt zu einer Darstellung derjenigen Faktoren, auf die Führungskräfte ihre Aufmerksamkeit lenken sollten;
- zwingt die Verantwortlichen zur Definition von Indikatoren als Maßzahlen, die den Grad der Zielerfüllung meßbar machen;
- ermöglicht die Identifizierung des konkreten Informationsbedarfes und schränkt damit die Bereitstellung überflüssiger Informationen ein;
- erzwingt eine Erfassung derjenigen Informationen, die für den Erfolg des jeweiligen Verantwortlichen relevant sind;
- berücksichtigt die Tatsache, daß einige Erfolgsfaktoren unabhängig von der Unternehmensstrategie oder Organisationsstruktur sind und sich vielmehr an den persönlichen und veränderlichen Wertvorstellungen spezifischer Manager orientieren;
- kann nicht nur in der Phase des Entwurfs von effektiven Informationssystemen sinnvoll sein, sondern auch den formalen Planungsprozeß unterstützen /vgl. Rockart 79, S. 88/.

2.3.3 Die Informationsarchitektur als Grundriß der strategieorientierten IKS-Planung

Eine Informationsarchitektur (IA) bildet aus übergeordneter Sichtweise den Einsatz des Produktionsfaktors "Information" im Unternehmen ab. Ihre Hauptaufgabe ist es, die verschiedenen IA-Elemente in Beziehung zu setzen, um so eine integrative Planung der informationellen Ressourcen zu ermöglichen.

Aus welchen Elementen eine Informationsarchitektur besteht, ist nicht einheitlich definiert. So stellt z. B. BSP auf die Verknüpfung von Organisationseinheiten, Datenklassen und Prozessen ab (vgl. Abbildung 9). Teilweise wird der Begriff der Informationsarchitektur je nach dargestellten Elementen und Beziehungen in weitere Architekturen (z. B. Daten- oder Anwendungsarchitektur) unterteilt /vgl. Tozer 88, S. 64 f.; Holloway 89, S. 45 ff./.

Für das hier vorgeschlagene Vorgehensmodell der strategieorientierten IKS-Planung kommen folgende Objekte als Elemente einer Informationsarchitektur in Betracht:

- die Aktivitäten des Unternehmens,
- die Organisationseinheiten des Unternehmens ,
- die zu Datenklassen zusammengefaβten Daten des Unternehmens ,
- die kritischen Erfolgsfaktoren der einzelnen Aktivitäten sowie die jeweiligen KEF-Indikatoren,
- die im Unternehmen aktuell oder demnächst verfügbare Informationstechnik (Hardware, systemnahe Software, Anwendungssoftware).

Diese einzelnen Elemente werden innerhalb der Informationsarchitektur miteinander in Beziehung gesetzt und bilden so ein Modell der Zusammenhänge der verschiedenen informationellen Ressourcen des Unternehmens. Mit der Konstruktion eines derartigen Modells verfolgt man im wesentlichen folgende Ziele /vgl. Diebold 83, S. 30 ff./:

- Da sich die als Elemente der Informationsarchitektur beschriebenen Sachverhalte an den Sprachschatz der Fachabteilungen anlehnen, dient die Informationsarchitektur als Hilfsmittel der Kommunikation zwischen dem Projektteam der IKS-Planung auf der einen und den Mitgliedern der Unternehmensleitung sowie den Führungskräften der Fachabteilungen auf der anderen Seite. Die Informationsarchitektur fördert in diesem Sinne ein gemeinsames Verständnis sowohl für das Unternehmensgeschäft als auch für die Position und die Bedeutung der Informationsverarbeitung im Unternehmen. Die Diskussionen zwischen beiden Seiten können so objektiviert und auf wesentliche Belange des Unternehmensgeschäfts konzentriert werden.
- Die Informationsarchitektur verdeutlicht den Stellenwert des Produktionsfaktors "Information" im Unternehmen. Sie kann als Grundlage der Zuordnung entsprechender Verantwortlichkeiten für die verschiedenen informationellen Ressourcen des Unternehmens dienen (z. B. hinsichtlich der Datensicherheit und der Dateneigentümerschaft).
- Eine Informationsarchitektur verdeutlicht die Zusammenhänge der verschiedenen IA-Komponenten. Für die IKS-Planung können so insbesondere die Abhängigkeiten der IKS-Projektvorschläge untereinander sowie die Auswirkun-

gen auf die bestehenden Informations- und Kommunikationssysteme des Unternehmens analysiert werden.

- Die Informationsarchitektur deckt Lücken in der informationstechnischen Unterstützung des Unternehmensgeschäfts auf. Einsatzbereiche für Informations- und Kommunikationssysteme können identifiziert werden und bilden so eine Basis für die Entwicklung potentieller IKS-Projekte. Hierfür muß die Konstruktion der Informationsarchitektur Hand in Hand gehen mit grundlegenden Überlegungen zur künftigen Gestaltung des Unternehmensgeschäfts /vgl. I/S Analyzer 88b, S. 8/.

Aufgrund der vielfältigen Beziehungen zwischen den einzelnen Elementen einer Informationsarchitektur ist für ihre Dokumentation und Verwaltung der Einsatz eines rechnergestützten Data Dictionary (DD) sinnvoll. Die Visualisierung wird jedoch neben der Darstellung in Listen, hierarchischen Übersichten u. a. zumeist in Form von Matrizen vorgenommen. Abbildung 14 zeigt die verschiedenen Interpretationsmöglichkeiten bei der Verknüpfung zweier IA-Elemente in einer Matrix.

Für die jeweilige Eintragung in der Matrix besteht zudem die Möglichkeit einer Qualifizierung. So wäre für die Verwendung einer Datenklasse bei der Durchführung einer Aktivität eine nähere Bezeichnung der Beziehung nach z. B.

- G = Generierung,
- A = Aktualisierung,
- P = Prüfung,
- I = Information

denkbar. Ebenso könnte ein in einer Organisationseinheit eingesetztes Anwendungssystem als

- O = Operationales System,
- P = Planungssystem oder
- K = Kontrollsystem

gekennzeichnet werden. Darüber hinaus ist es auch möglich, mehr als zwei Elemente zueinander in Beziehung zu setzen. Abbildung 15 zeigt eine Matrix, die die Organisationseinheiten in Verbindung mit ihren kritischen Erfolgsfaktoren samt

	Aktivitäten	Organisations-einheiten	Datenklassen	kritische Erfolgs-faktoren
Aktivitäten	-	Organisationseinheiten, die eine Aktivität wahrnehmen	in einer Aktivität verwendete Datenklassen	für eine Aktivität maßgebliche kritische Erfolgsfaktoren
Organisations-einheiten	Aktivitäten einer Organisationseinheit	-	in einer Organisationseinheit verwendete Datenklassen	Kritische Erfolgsfaktoren einer Organisationseinheit
Datenklassen	Aktivitäten, die eine Datenklasse verwenden	Organisationseinheiten, die eine Datenklasse verwenden	-	Kritische Erfolgsfaktoren, die auf einer Datenklasse basieren
kritische Erfolgs-faktoren	Aktivitäten, für die ein kritischer Erfolgsfaktor maßgebend ist	Organisationseinheiten, für die ein kritischer Erfolgsfaktor gilt	Datenklassen, auf denen ein kritischer Erfolgsfaktor basiert	-
Anwendungs-systeme	Aktivitäten, die ein Anwendungssystem unterstützt	Organisationseinheiten, in denen ein Anwendungssystem eingesetzt wird	Datenklassen, die ein Anwendungssystem verarbeitet	Kritische Erfolgsfaktoren, für die ein Anwendungssystem Daten liefert
Informations-technik	von einer Informationstechnik unterstützte Aktivitäten	Organisationseinheiten, in denen eine Informationstechnik eingesetzt wird	von einer Informationstechnik verarbeitete Datenklassen	von einer Informationstechnik unterstützte kritische Erfolgsfaktoren
systemnahe Software	von einer systemnahen Software unterstützte Aktivitäten	Organisationseinheiten, für die eine systemnahe Software eingesetzt wird	Datenklassen, die auf einer systemnahen Software operieren	von einer systemnahen Software unterstützte kritische Erfolgsfaktoren

Interpretationsrichtung →

Abbildung 14: Interpretation einer Matrix, die zwei IA-Elemente miteinander verbindet

	Anwendungssysteme	Informationstechnik	systemnahe Software
Aktivitäten	für eine Aktivität eingesetzte Anwendungssysteme	für eine Aktivität eingesetzte Informationstechnik	von einer Aktivität verwendete systemnahe Software
Organisationseinheiten	in einer Organisationseinheit eingesetzte Anwendungssysteme	in einer Organisationseinheit eingesetzte Informationstechnik	von einer Organisationseinheit verwendete systemnahe Software
Datenklassen	Anwendungssysteme, die eine Datenklasse verwenden	Informationstechnik, auf der eine Datenklasse verarbeitet wird	systemnahe Software, die bei Verarbeitung einer Datenklasse eingesetzt wird
kritische Erfolgsfaktoren	Anwendungssysteme, die Daten für einen kritischen Erfolgsfaktor liefern	Informationstechnik, die einen kritischen Erfolgsfaktor unterstützt	systemnahe Software, die einen kritischen Erfolgsfaktor unterstützt
Anwendungssysteme	-	Informationstechnik, auf der ein Anwendungssystem betrieben wird	systemnahe Software, die bei Betrieb eines Anwendungssystems verwendet wird
Informationstechnik	Anwendungssysteme, die auf einer Informationstechnik betrieben werden		systemnahe Software, die auf einer Informationstechnik betrieben wird
systemnahe Software	von einer systemnahen Software unterstützte Anwendungssysteme	Informationstechnik, auf der eine systemnahe Software betrieben wird	

Interpretationsrichtung →

Abbildung 14 (Fortsetzung)

deren Indikatoren den Datenklassen des Unternehmens gegenüberstellt.

Organisationseinheiten mit KEF \ Datenklassen		A	B	C	D
x	KEF 1	Indikator zu KEF 1		Indikator zu KEF 1	
	KEF 2		Indikator zu KEF 2		
	...				
	KEF n			Indikator zu KEF n	

Abbildung 15: Matrix mit einer Verknüpfung der IA-Elemente "Organisationseinheiten", "Datenklassen", "kritische Erfolgsfaktoren" und deren Indikatoren

Da die Dokumentation der Informationsarchitektur jedoch in erster Linie als Hilfsmittel der Kommunikation dienen soll, dürfen die Matrizen nicht überlastet werden. Hierbei gilt als Faustregel, daß es möglich sein muß, eine Matrix innerhalb von 15 - 20 Minuten zu erklären /vgl. Johnson 84, S. 98/. Eine inhaltliche Beschränkung zahlt sich zudem aus, wenn aufgrund der Diskussionen Änderungen notwendig werden. Somit müssen bei der Konstruktion einer Informationsarchitektur die Ziele der Verständlichkeit und der Flexibilität im Vordergrund stehen.

2.3.4 Das IKS-Portfolio als Entscheidungsgrundlage der strategieorientierten IKS-Planung

Die Portfolio-Technik ist heute als leistungsfähige und einfach handzuhabende Methode der strategischen Geschäftsfeldplanung anerkannt. Mit ihren unterschiedlichen Ausprägungen stellen Portfolio-Konzepte vor allem für Mehrproduktunternehmen eine wertvolle Hilfe bei der Entscheidung über die Zuordnung von Investitionsmitteln zu strategischen Geschäftsfeldern dar.

Die Portfolio-Technik berücksichtigt eine Vielzahl von Fakten, welche eine strategische Entscheidung bestimmen. Diese Fakten verdichtet sie zu wenigen Führungsgrößen /vgl. Pfeiffer/Dögl 86, S. 152/. Im Rahmen der Portfolio-Analyse werden einzelne Geschäftseinheiten oder Unternehmensbereiche nach unterschiedlichen Beurteilungskriterien in einer zweidimensionalen Matrix eingeordnet und graphisch dargestellt. Die erste Matrixdimension stellt dabei eine durch die Unternehmensumwelt geprägte Größe dar (z. B. Marktwachstum oder Marktattraktivität), die zweite Dimension berücksichtigt unternehmensspezifische Faktoren (wie Marktanteil oder relativer Wettbewerbsvorteil). Nach bestimmten Heuristiken, sogenannten Normstrategien, wird die Formulierung strategischer Stoßrichtungen erleichtert.

Das Konzept des IKS-Portfolios als Verfahren zur Unterstützung der strategieorientierten Planung von Informations- und Kommunikationssystemen verbindet technische und organisatorische Aspekte der IKS-Planung mit der wettbewerbsstrategischen Dimension. Das Verfahren basiert auf dem Konzept der Geschäftsfeld- bzw. Technologie-Portfolios und bietet damit die Vorteile der leichten Handhabbarkeit und des geringen planerischen Aufwandes. Im Rahmen einer IKS-Portfolio-Analyse wird

- die Vielzahl von Beurteilungskriterien für den Einsatz von Informations- und Kommunikationssystemen auf zwei Hauptgrößen verdichtet;
- der gesamte Planungsprozeß vereinfacht und handhabbar gestaltet;
- die Analyse und Planung von Informations- und Kommunikationssystemen in den Unternehmenszusammenhang eingebettet.

Beobachtungsobjekte des IKS-Portfolios sind aktuelle oder geplante Informations- und Kommunikationssysteme eines Unternehmens, die in einer zweidimensionalen Matrix bewertet und dargestellt werden. Die beiden Matrix-Dimensionen sind die Leistungsstärke und die wettbewerbsstrategische Bedeutung eines Informations- und Kommunikationssystems.

Im Gegensatz zu klassischen Portfolio-Verfahren, die sich auf Punkthypothesen für die Position der Geschäftsfelder in der Matrix stützen, wird die Stellung der Informations- und Kommunikationssysteme innerhalb gewisser Bandbreiten angezeigt, vgl. Abbildung 16.

Die Verwendung solcher Unschärfenbereiche ermöglicht es, auch intuitive Schätzungen und abweichende Beurteilungen in die Analyse einfließen zu lassen.

In Abhängigkeit von der Positionierung eines Feldes in der Matrix können Normstrategien für den künftigen Einsatz von Informations- und Kommunikations-

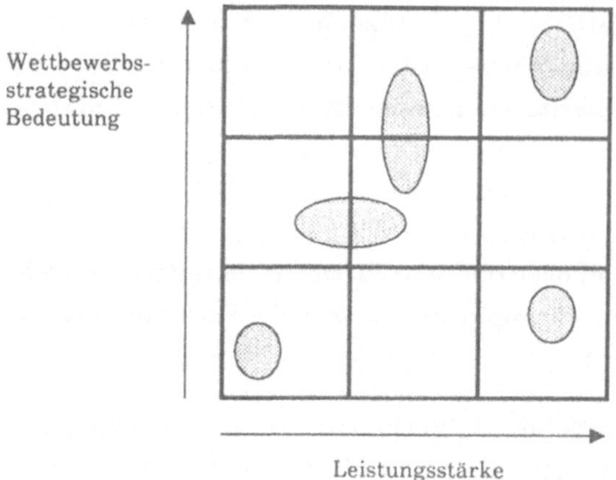

Abbildung 16: Unschärfenbereiche in der IKS-Portfolio-Matrix

systemen im Unternehmen abgeleitet werden. Diese beinhalten drei grundsätzliche Handlungsmöglichkeiten, vgl. Abbildung 17:

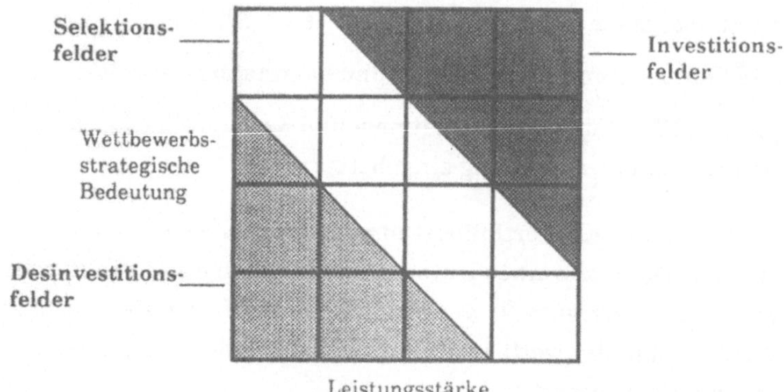

Abbildung 17: Interpretation der Portfolio-Positionen /vgl. Pfeiffer/Dögl 86, S. 165/

- Investitionsempfehlung bei Positionen in Feldern mit einer mittleren bis hohen wettbewerbsstrategischen Bedeutung und Leistungsstärke;
- Desinvestitionsempfehlung bei geringer bis mittlerer Stärke in beiden Dimensionen;

- Selektionsempfehlung in den verbleibenden Diagonalfeldern der Matrix. Die strategischen Empfehlungen sollten hier differenziert betrachtet werden.

Eine Analyse nach der Portfolio-Methode läßt sich in folgende Schritte gliedern, vgl. Abbildung 18:

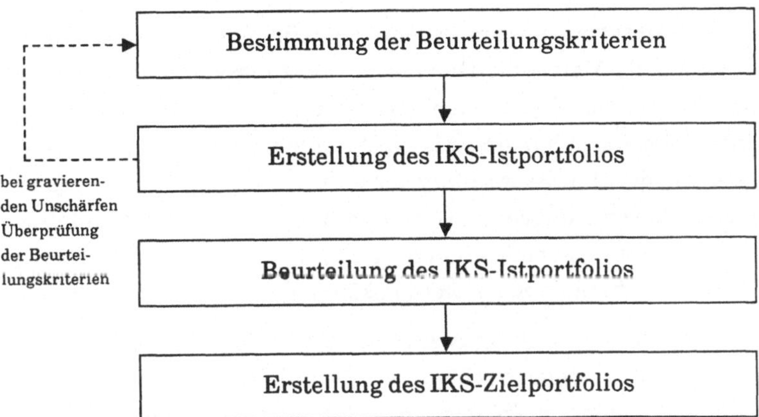

Abbildung 18: Die Schritte der IKS-Portfolio-Analyse

- Bestimmung der Beurteilungskriterien

  Vor einer Positionierung innerhalb einer IKS-Portfolio Matrix ist eine Beurteilung der einzuordnenden Informations- und Kommunikationssysteme hinsichtlich der beiden Matrixdimensionen vorzunehmen. Somit stellt die Beurteilung einerseits auf den Einfluß, den ein Informations- und Kommunikationssystem auf die Wettbewerbsposition eines Unternehmens ausübt, ab und ist damit durch Faktoren der Unternehmensumwelt geprägt. Andererseits ist die Beurteilung durch unternehmensinterne Größen gekennzeichnet, indem ein Informations- und Kommunikationssystem im Hinblick auf seine technische, personelle und organisatorisch-bedingte Leistungsfähigkeit hin untersucht wird. Zur Durchführung der Beurteilung muß jede dieser beiden Dimensionen durch verschiedene Beurteilungskriterien beschrieben werden. Sind diese Kriterien für eine Unternehmung nicht in gleichem Maße bedeutend, müssen sie gewichtet werden.

  - Eine Analyse hinsichtlich der wettbewerbsstrategischen Bedeutung dient der Ermittlung des Beitrages des betrachteten Informations- und Kommunikationssystems zur Erzielung von Wettbewerbsvorteilen. Voraussetzung dafür ist eine detaillierte Analyse des Industriesektors bzw. der Branche, um damit die Struktur und die Dynamik der Wettbewerber darzulegen. Diese Betrachtung liefert eine Zusammenstellung der kritischen Faktoren, die für den Erfolg des Unternehmens maßgebend sind[5]. Diese Faktoren stellen die Beurteilungskriterien der Matrixdimension "wettbewerbsstrategische Bedeutung" dar.

- Der wettbewerbsstrategischen Bedeutung steht auf der horizontalen Achse der IKS-Portfolio-Matrix die Dimension "Leistungsstärke" gegenüber. Sie beinhaltet diejenigen Faktoren, die weitgehend von der eigenen Steuerung des Unternehmens abhängen. Als Leistungsstärke müssen Kriterien definiert werden, die eine Beurteilung der technischen, organisatorischen und personellen Auswirkungen des Einsatzes eines Informations- und Kommunikationssystems erlauben. Abbildung 19 zeigt Kriterien, die für eine solche Beurteilung herangezogen werden können.

  Die Grenzen dieser Leistungsmerkmale sind jedoch fließend. So ist beispielsweise die Stärke der verfügbaren Technik deutlich von organisatorischen Rahmenbedingungen sowie den Fähigkeiten und Kenntnissen der betroffenen Mitarbeiter abhängig.

  Die aufgeführten Kriterien zur Bestimmung der Auswirkungen von Informations- und Kommunikationssystemen erheben keinen Anspruch auf Vollständigkeit und hängen von den individuellen Unternehmensgegebenheiten ab. Sie bieten jedoch Anhaltspunkte zur Beurteilung der Leistungsstärke der betrachteten Informations- und Kommunikationssysteme.

- Erstellung des IKS-Istportfolios

  Nach der Festlegung der beiden Hauptachsendimensionen der IKS-Portfolio-Matrix mit ihren Beurteilungskriterien erfolgt die Bewertung der einzelnen Informations- und Kommunikationssysteme und ihre Positionierung innerhalb der IKS-Portfolio-Matrix. Zur Ermittlung der wettbewerbsstrategischen Bedeutung wird der Beitrag, den ein Informations- und Kommunikationssystem zur Erreichung der einzelnen Erfolgsfaktoren leistet, festgestellt. Im Rahmen der Analyse der Leistungsstärke werden die organisatorischen, technischen und personellen Auswirkungen durch eine Analyse des IKS-Einsatzes

[5] Neben einer Analyse von Erfolgsfaktoren liefern die zahlreichen empirischen Querschnittsanalysen zum Forschungsprojekt PIMS (Profit Impact of Marketing Strategies) Informationen zur Ermittlung der strategischen Basisfaktoren für den Erfolg einer Unternehmung /vgl. Schoeffler u.a. 74; Schoeffler 75; Luchs/Müller 85; Kreikebaum 87/.

Kriterien der IKS-Leistungsstärke	IKS-Bewertung hinsichtlich
Organisatorische Kriterien	
- Produktivität	Erhöhung der technischen und ökonomischen Produktivität
- Flexibilität	Erhöhung der Anpassungsfähigkeit bei Veränderung interner und externer Bedingungen
Personelle Kriterien	
- kognitive Fähigkeiten	Erhaltung und Unterstützung von Wahrnehmungs- und Problemlösungsfähigkeiten der Mitarbeiter
- Kenntnisse	Erhaltung und Unterstützung des Wissens der Mitarbeiter über Verfahren, Arbeitsmittel, Kooperation und Kommunikation
- Selbständigkeit	Gestaltung der Arbeitssituation derart, daß eigene Kenntnisse und Fähigkeiten der Mitarbeiter in die Aufgabenbearbeitung einfließen
- Sicherheit	Gestaltung der Arbeitssituation derart, daß die Sicherheit der Mitarbeiter erhöht wird
Technische Kriterien	
- Reifegrad	Lebenszyklusphase der verwendeten Informationstechnik
- Wartbarkeit	Störungsanfälligkeit der verwendeten Informationstechnik
- Normungskonformität	Übereinstimmung mit bestehenden oder sich abzeichnenden Normen und Standards
- Ausbaufähigkeit	Ausbaubarkeit der verwendeten Informationstechnik in Richtung tangierender oder zukünftiger Anwendungen
- Kompatibilität	Integrierbarkeit in die bestehende IV-Infrastruktur

Abbildung 19: Beurteilungskriterien für Informations- und Kommunikationssysteme

hinsichtlich der einzelnen Beurteilungskriterien ermittelt. Beide Beurteilungen werden anschließend mit Hilfe von Scoring-Modellen oder einer Nutzwertanalyse zu jeweils einer Aussage über die beiden Dimensionen "wettbewerbsstrategische Bedeutung" und "Leistungsstärke" verdichtet und als Unschärfenbereich in die IKS-Portfolio-Matrix eingeordnet. Ergebnis dieses Schrittes ist das IKS-Istportfolio des Unternehmens.

- Beurteilung des IKS-Istportfolios

Die Positionierung in Unschärfenbereichen innerhalb der Portfolio-Matrix liefert die Basis für die Beurteilung des IKS-Istportfolios. Hierbei wird eine detaillierte Untersuchung durchgeführt, die in kritischen Fällen die Notwendigkeit tiefgreifenderer Analysen aufdeckt. So kann beispielsweise eine weiterführende Überprüfung erforderlich werden, wenn ein Informations- und Kommunikationssystem innerhalb eines signifikanten Unschärfenbereichs positioniert ist.

- Erstellung des IKS-Zielportfolios

  Auf der Basis der Beurteilung des IKS-Istportfolios erfolgt die Definition des IKS-Zielportfolios. Dieser Prozeß kann durch die aus dem Istportfolio abgeleiteten Normstrategien sowie weitere Informationen, die aus der Unternehmens- und Umweltanalyse gewonnen wurden, unterstützt und flankiert werden[6].

Der Vorteil der Portfolio-Analyse liegt in erster Linie in der Möglichkeit, Anwendungsbereiche von Informations- und Kommunikationssystemen im Gesamtzusammenhang des Unternehmens zu sehen bzw. daraus abzuleiten. Insbesondere die Planung und Gestaltung von Informations- und Kommunikationssystemen erfordert eine Gesamtsicht, die die Aufgaben und Aktivitäten der Daten-, Bild- und Textverarbeitung, Telekommunikation und Produktionsautomation koordiniert und integriert behandelt. Gerade die Integrationsproblematik, die auch bei der Realisierung von CIM-Konzepten im Mittelpunkt steht, kann durch eine IKS-Portfolio-Analyse wesentlich vermindert werden.

2.4 Integration der Konzepte innerhalb der strategieorientierten IKS-Planung

Die im vorherigen Abschnitt beschriebenen Konzepte decken jeweils bestimmte Fragen der IKS-Planung ab bzw. wurden - teilweise von den Autoren, die sie entwickelten, selbst - hinsichtlich ihrer Anwendung für eine strategieorientierte IKS-Planung erweitert. Insofern stützt sich das in dieser Arbeit vorgeschlagene Vorgehensmodell auf vorhandene und bewährte Konzepte /vgl. Lederer/Sethi 88, S. 452 f./. Diese werden allerdings nicht nur lediglich aneinandergereiht, sondern

6 Wichtige Hinweise können dabei aus Ergebnissen der PIMS-Untersuchungen gewonnen werden. Das Strategic Planning Institute stellt den involvierten Unternehmen insbesondere Informationen über Strategien im Bereich der betrieblichen Informationsverarbeitung ähnlicher Unternehmen in ähnlichen Branchen und den darauf zurückzuführenden unternehmerischen Erfolg zur Verfügung. Hieraus lassen sich erfolgversprechende Strategieempfehlungen für den IKS-Einsatz im eigenen Unternehmen ableiten.

innerhalb des IKS-Planungsprozesses integriert[7]. Diese Integration bezieht sich auf die durch die Anwendung der einzelnen Konzepte erzielten Ergebnisse und stellt die systematische Kopplung zwischen der wettbewerbsstrategischen Planung und der IKS-Planung dar. Abbildung 20 zeigt die Verknüpfungen über die jeweiligen Ergebnisse im Überblick.

Ausgangspunkt sind die innerhalb der Analyse der Wertkette definierten Unternehmensaktivitäten. Da diese die strategierelevanten Tätigkeiten des Unternehmens darstellen, bilden sie die Gewähr für die Berücksichtigung wettbewerbsstrategischer Belange innerhalb der IKS-Planung. Die Aktivitäten des Unternehmens sind mit den anderen Konzepten dadurch verbunden, daß sie

- als Bestandteil in die Informationsarchitektur eingehen und dort mit den anderen IA-Elementen verknüpft werden;
- die Basis für die Ermittlung der kritischen Erfolgsfaktoren bilden.

Die KEF-Analyse ermittelt somit die kritischen Erfolgsfaktoren jeder strategierelevanten Aktivität. Sie erfolgt somit nicht auf einer abteilungs- oder stellenbezogenen Basis. Die kritischen Erfolgsfaktoren ergeben sich vielmehr aus der Übereinstimmung desjenigen Personenkreises, der an der Durchführung einer Aktivität beteiligt ist bzw. den erfolgreichen Vollzug der Aktivität beeinflußt oder verantwortet. Die KEF-Analyse erfährt mithin eine wettbewerbsstrategische anstelle einer personenspezifischen Ausrichtung.

Auch die kritischen Erfolgsfaktoren gehen samt ihrer jeweiligen Indikatoren als Elemente in die Informationsarchitektur ein, wobei die Relation "Unternehmensaktivität - kritischer Erfolgsfaktor - KEF-Indikator" aus der KEF-Analyse resultiert. Die Aufnahme der Unternehmensaktivitäten und der kritischen Erfolgsfaktoren in die Informationsarchitektur bewirkt, daß auch der bisherige IKS-Einsatz dahingehend betrachtet wird, inwieweit er die strategischen Belange des Unternehmensgeschäfts unterstützt. Dies bildet eine wichtige Voraussetzung für die Generierung von IKS-Projektvorschlägen.

Weiterhin stellen die je Unternehmensaktivität definierten kritischen Erfolgsfaktoren diejenigen Kriterien dar, die der wettbewerbsstrategischen Beurteilung sowohl der aktuellen Informations- und Kommunikationssysteme als auch der ein-

[7] Teilweise wird eine solche Integration auch von traditionellen Vorgehensweisen angestrebt. So beinhaltet z. B. KSS (Kommunikations-System-Studie) als Weiterentwicklung von BSP ebenfalls eine Analyse von kritischen Erfolgsfaktoren.

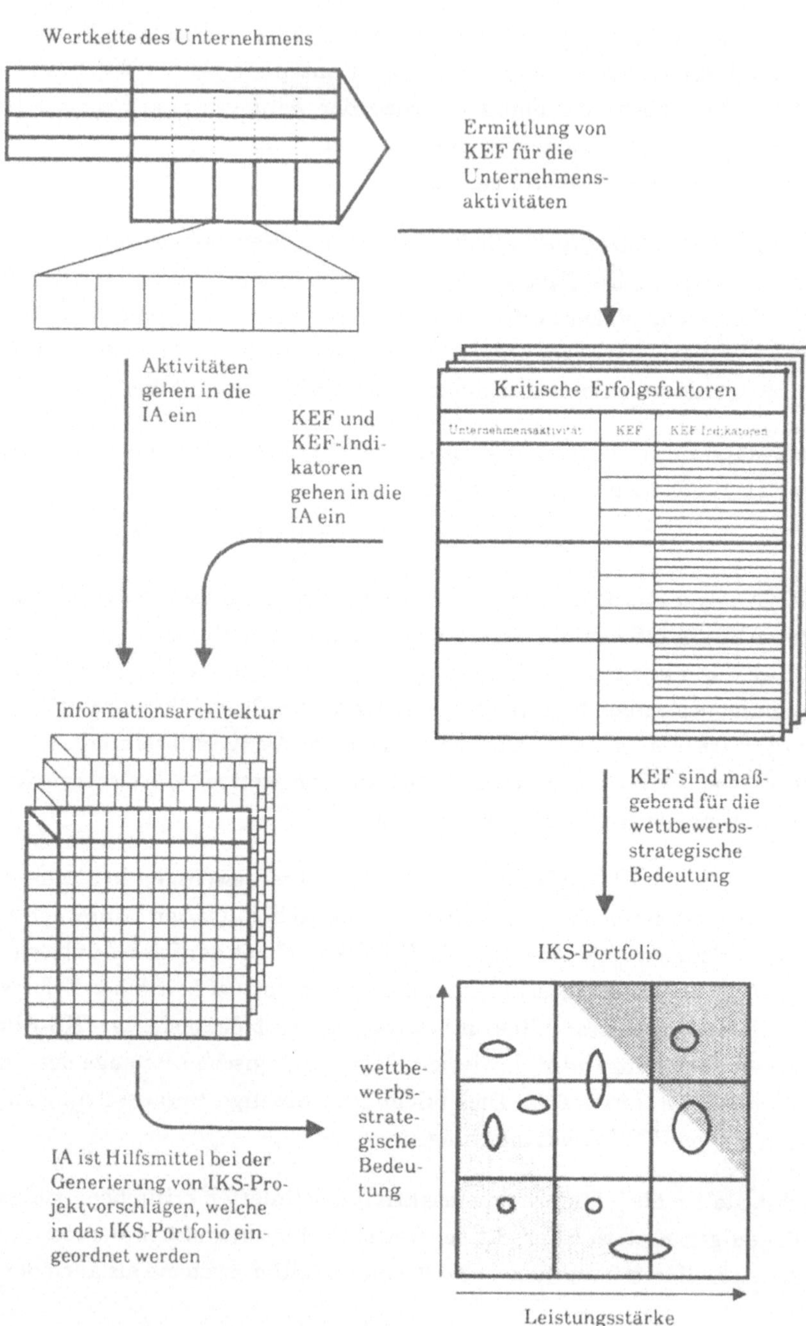

Abbildung 20: Integration der Konzepte

zelnen IKS-Projektvorschläge zugrunde liegen. Diese Beurteilungen sind Voraussetzung für die Einordnung der derzeit eingesetzten Informations- und Kommunikationssysteme sowie der IKS-Projektvorschläge in das IKS-Istportfolio, aus welchem das letztlich zu realisierende IKS-Zielportfolio resultiert.

Über die Verzahnung der Konzepte der Wertkette, der kritischen Erfolgsfaktoren und des IKS-Portfolios werden so die strategischen Überlegungen systematisch in die Planung von Informations- und Kommunikationssystemen umgesetzt. Die Informationsarchitektur beinhaltet Ergebnisse der Analysen der Wertkette und der kritischen Erfolgsfaktoren. Da sie als Hilfsmittel bei der Generierung von IKS-Projektvorschlägen dient, trägt die Informationsarchitektur so dazu bei, daß das am Ende erstellte IKS-Zielportfolio strategierelevante, den Informationsbedürfnissen der Unternehmensleitung und des Managements entsprechende IKS-Projekte beinhaltet.

2.5 Die strategieorientierte IKS-Planung als Projekt

Der Prozeß der strategieorientierten IKS-Planung kann als Projekt aufgefaßt werden, welches - wie jedes andere Projekt auch - in seinen strukturellen, inhaltlichen, zeitlichen, personellen und finanziellen Aspekten geplant werden muß. Eine diesbezügliche Projektplanung muß folgende Aufgaben umfassen:

(1) Strukturierung des Projektablaufs,

(2) Definition der Projektorganisation,

(3) Definition der Verantwortlichkeiten des beteiligten Managements,

(4) Definition des Projekt-Berichtswesens,

(5) Zeitplanung des Projektablaufs,

(6) Planung der sachlichen Ressourcen,

(7) Planung des Projekt-Budgets.

Ausgangspunkt der gesamten IKS-Projektplanung ist die Anpassung des hier vorgeschlagenen Vorgehensmodells (oder sonstiger Phasenschemata) an die Situation des Unternehmens. Für die Strukturierung des Projektablaufs ist insbesondere zu trennen zwischen Aufgabenkomplexen und Aufgaben, die als Phasen und Phasenschritte eines Projekts durchzuführen sind, sowie Aufgabenkomplexen und

Aufgaben, die als Teil der Gesamtaufgabe einer Organisationseinheit ständig wahrgenommen werden müssen. Zu den letzteren gehören insbesondere die innerhalb der Analyse des IT-Potentials und der Verbreitung des informationstechnischen Wissens wahrgenommenen Aufgaben (vgl. die Ausführungen in Kapitel 3 zu den an Aufgabe 1.1 Beteiligten). Folgende vier Aufgabenkomplexe wären somit als Phasen des Projekts einer strategieorientierten IKS-Planung anzusehen:

(I) Istaufnahme des IKS-Einsatzes im Unternehmen,

(II) Entwicklung potentieller IKS-Projekte,

(III) Definiton des IKS-Sollzustandes,

(IV) Erstellung des IKS-Plans.

Innerhalb der Strukturierung des Projektablaufs wird über die Anzahl der Phasen, die in den Phasen zu vollziehenden Phasenschritte und die innerhalb der einzelnen Phasenschritte durchzuführenden Aktivitäten entschieden. Gleichzeitig wird festgelegt, welche Konzepte, Methoden und Werkzeuge in den einzelnen Phasen eingesetzt werden sollen.

Sind die innerhalb des Projekts abzuwickelnden Phasen und Phasenschritte nach ihren Aktivitäten im einzelnen ermittelt, so kann bestimmt werden, wer innerhalb einer Projektorganisation welche Verantwortlichkeiten zu übernehmen hat. Kerngruppe der Projektorganisation der IKS-Planung ist das Projektteam, welches eine hierarchische Struktur besitzt. Dem gesamten Team steht ein Projektleiter vor, der der Leiter der IV-Funktion oder auch ein externer Berater sein kann. Die einzelnen Mitglieder des Projektteams können z. B. aus den Funktionen Organisation, Informationsverarbeitung oder Controlling kommen.

Für den Projekterfolg zeichnet der Projektleiter einem Abstimmungs- und Entscheidungsgremium verantwortlich. Dieser Gruppe obliegt die ständige Fortschrittskontrolle, die mindestens aus einer formellen Zustimmung am Ende jeder Phase besteht (Phasenreview). Weiterhin hat dieses Gremium in strittigen Angelegenheiten (z. B. zwischen Projektteam und Fachabteilung) zu entscheiden. Das Abstimmungs- und Entscheidungsgremium setzt sich aus Mitgliedern der Unternehmensleitung und hochrangigen Führungskräften zusammen. Existiert im Unternehmen ein Steuerungsausschuß für die Informationsverarbeitung ("executive steering committee" /vgl. Doll/Ahmed 83, S. 8 ff./), so kann dieser die Aufgaben des Abstimmungs- und Entscheidungsgremiums übernehmen. Aus der Mitwirkung in dieser Gruppe ergibt sich eine weitere Form der Partizipation seitens der Unternehmensleitung an der strategieorientierten IKS-Planung.

Neben diese beiden Gruppen tritt als dritte organisatorische Einheit der Projektorganisation ein sog. übergreifendes Analyseteam (ÜAT). Diese Gruppe tritt vor allem bei der Definition des IKS-Sollzustandes in Erscheinung. Dort ist sie zuständig für eine übergreifende Bewertung der IKS-Projektvorschläge /vgl. Busch 85, S. 59/. Als Leiter des übergreifenden Analyseteams fungiert ein hochrangiger Manager, der auch in seiner ständigen Arbeit eine gesamtunternehmensbezogene Sichtweise einnehmen muß. Dies kann bei einer entsprechenden Ausgestaltung des Unternehmenscontrollings der Leiter dieser Funktion sein. Das Team selbst wird weniger eine hierarchische Struktur aufweisen, als vielmehr aus gleichrangigen Personen unterschiedlichster Bereiche (IV-Funktion, Organisation, Fachabteilungen, Controlling) bestehen. Auch das übergreifende Analyseteam bzw. sein Leiter ist dem Abstimmungs- und Entscheidungsgremium gegenüber verantwortlich und erfährt durch diese Gruppe eine Kontrolle seiner Arbeit.

Das Verhältnis dieser drei Gruppen spiegelt sich in der in Abbildung 21 dargestellten Projektorganisation wider.

Der Umfang der einzelnen Teams richtet sich vor allem nach Anzahl und Umfang der Phasen, Phasenschritte und Aktivitäten des Projekts. Von der Größe der Projektorganisation ist auf der anderen Seite die sachliche Ausstattung (z. B. Raumausstattung) abhängig, so daß hier entsprechende Vorgaben in die Planung der sachlichen Ressourcen einfließen müssen.

Im Anschluß an die personelle Besetzung der drei Projektgruppen sind im einzelnen ihre Verantwortlichkeiten und Aufgaben festzulegen. Diese Bestimmungen gehen als Vorgaben in die Aufstellung des Zeitplans ein. Zeitliche Probleme können allerdings auch eine Erhöhung der Personalkapazität erfordern, so daß hier eine wechselseitige Abstimmung notwendig ist. Eine weitere wechselseitige Abstimmung ist mit der Planung des Projekt-Budgets erforderlich, wenn über die Besetzung der Projektstellen mit externem Personal entschieden wird. Hierbei ist zu prüfen, ob die geplanten Phasenschritte und Aktivitäten von dem derzeit beschäftigten Personal erfüllt werden können oder ob Qualifikationslücken, die nur durch den Einsatz externen Personals gedeckt werden können, vorliegen. Weiterhin ist abzuleiten, welche Informationen die Gruppenmitglieder aufgrund ihrer Position innerhalb der Projektorganisation zu erhalten haben. Diesbezügliche Be-

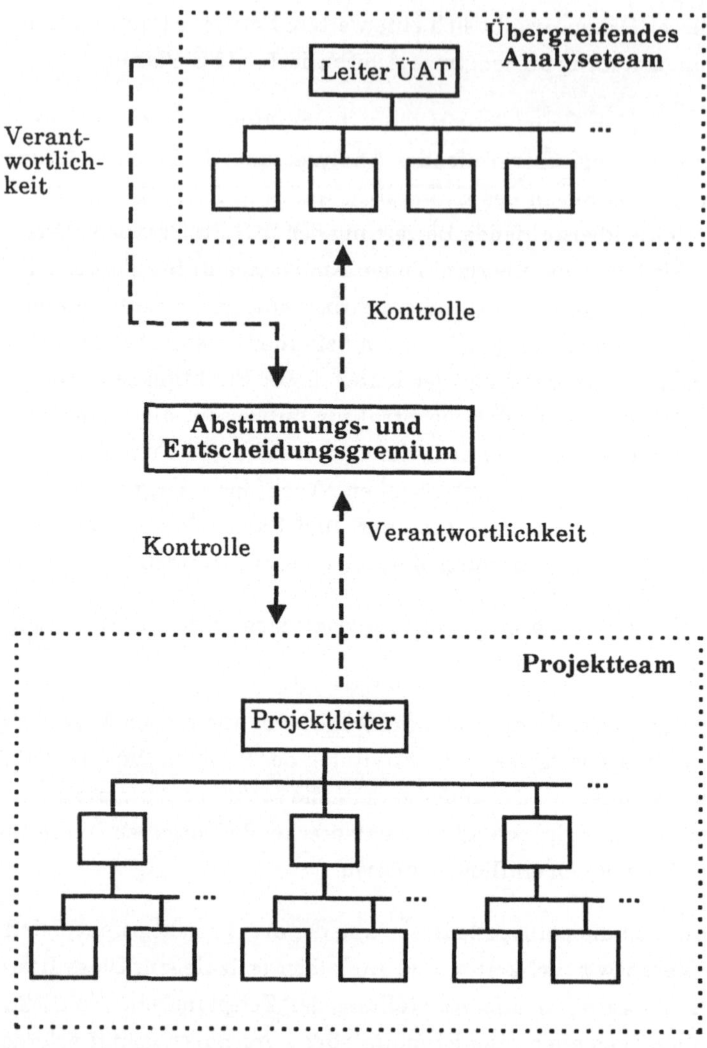

Abbildung 21: Projektorganisation der IKS-Planung

stimmungen gehen als Vorgabe der formalen Informationsrechte in die Planung des Projekt-Berichtswesens ein.

Die bei der Strukturierung der Phasen und Phasenschritte festgelegten Aktivitäten stellen nicht nur auf das in der Projektorganisation angebundene Personal ab, sondern richten sich auch an denjenigen Personenkreis, der nur partiell in einigen Phasen beteiligt wird. Dies ist insbesondere das Management in den Fachabteilungen, welches vor allem innerhalb der Istaufnahme des IKS-Einsatzes im Unternehmen und der Entwicklung potentieller IKS-Projekte an mehreren Phasenschritten der IKS-Planung beteiligt ist. Auch hierbei sollte im vorhinein festgelegt werden, wer welche Aktivitäten mit welcher Verantwortlichkeit und welchen Informationsrechten zu erfüllen hat. Die hier getroffenen Entscheidungen sind weitere Grundlage sowohl bei der Festlegung des Berichtswesens als auch bei der Aufstellung des Zeitplans.

Sind Aufgaben, Projektorganisation und Verantwortlichkeiten definiert, können das Projekt-Berichtswesen sowie die sachlichen Ressourcen festgelegt werden.

Die Planung des Projekt-Berichtswesens beinhaltet die Regelung des formellen Informationsflusses (Berichtswege) zwischen den Projektbeteiligten (Projektorganisation und sonstige Beteiligte). Es sind Aussagen darüber zu treffen, wer welche Berichte in welcher Eigenschaft erhält, d. h. wem welche Dokumente zur Abstimmung, zur Kontrolle, zur Genehmigung oder auch nur zur Kenntnisnahme vorzulegen sind. Die formalen Informationsanforderungen ergeben sich aus den Positionen der beteiligten Personen vor allem innerhalb der Projektorganisation, aber auch aus der Festlegung der Verantwortung der sonstigen Beteiligten. Dagegen sind für die inhaltlichen Anforderungen die zu Beginn festgelegten Aktivitäten je Phase bzw. Phasenschritt maßgebend. Für die Durchführung des Berichtswesens sind Rechnerunterstützungen mit Funktionen wie Textverarbeitung, Dokumentenverwaltung, Information Retrieval, elektronische Post, automatische Vorlage von Dokumenten u. ä. denkbar. Inwieweit ein derartiger Einsatz möglich ist, hängt vom Stand der im Unternehmen installierten Büroinformations- und -kommunikationssysteme (BIKOS) ab. Liegen derartige Möglichkeiten jedoch vor, so ist ein entsprechender Bedarf zu formulieren, der bei der Planung der sachlichen Ressourcen berücksichtigt werden muß.

Die Festlegung der sachlichen Ressourcen bezieht sich auf die für die Projektarbeit notwendige Infrastruktur. Dies sind z. B. die räumliche Ausstattung aber auch die erforderliche DV-Unterstützung. Letztere leitet sich vor allem aus den Festlegungen des Projekt-Berichtswesens ab. Daneben ist es ebenfalls denkbar, daß bestimmte Aktivitäten eine spezielle sachliche Ausstattung erfordern (z. B. Einsatz einer speziellen Präsentationstechnik in Workshops, Interviewsitzungen etc.). Ebenso ist die Größe der Projektorganisation für die Festlegung der sachlichen Ressourcen ausschlaggebend (z. B. hinsichtlich der räumlichen Ausstattung). Da auch der Einsatz der sachlichen Ressourcen mit Kosten verbunden ist, muß auch an dieser Stelle eine wechselseitige Abstimmung mit der Planung des Projekt-Budgets erfolgen.

Der Entwurf des zeitlichen Ablaufs der IKS-Planung umfaßt die zeitliche Abgrenzung der einzelnen Phasen und Phasenschritte sowie die Definition von Meilensteinen, die unbedingt zu vorgegebenen Zeitpunkten zu erreichen sind. Hierzu müssen den ermittelten Phasenschritten und ihren Aktivitäten geschätzte Zeitdauern zugeordnet werden. Dies ist mit den Festlegungen über die Zahl der Mitarbeiter (Projektorganisation und sonstige Beteiligte), die für die jeweiligen Aktivitäten eingesetzt werden, abzustimmen. Eine weitere wechselseitige Beeinflussung besteht zwischen dem Aufstellen des Zeitplans und der Planung des Projekt-Budgets. Die Vorgaben der Zeitplanung bestimmen insbesondere die Personalkosten, während das Budget die zur Verfügung stehende Zeit beschränkt.

Obwohl bei der IKS-Planung finanzielle Ressourcen wegen der Bedeutung des Projekts eine geringere Rolle spielen sollten, ist doch ein finanzieller Rahmen abzustecken. Dieser ist insbesondere dann von Bedeutung, wenn innerhalb der Definition der Projektorganisation über die Inanspruchnahme externer Dienstleistungen entschieden wird. Weitere wechselseitige Abstimmungen sind - wie oben jeweils beschrieben - im Zusammenhang mit der Aufstellung des Zeitplans und der Planung der sachlichen Ressourcen notwendig.

Innerhalb eines Netzplans stellen sich diese Aktivitäten der IKS-Projektplanung wie in Abbildung 22 gezeigt dar.

Die IKS-Projektplanung sollte von einer projektvorbereitenden Arbeitsgruppe vorgenommen werden. Die Mitglieder dieser Gruppe können sich aus Mitarbeitern der Unternehmensfunktionen Controlling oder IV-Funktion sowie Mitgliedern der Unternehmensleitung zusammensetzen. Letztere Personengruppe kann auch nur fallweise bei der Klärung wichtiger Fragen hinzugezogen werden. Weiterhin besteht natürlich die Möglichkeit, auf das Know-how externer Berater zurückzugreifen.

Die projektvorbereitende Arbeitsgruppe ist vor allem für den Aufbau des Abstimmungs- und Entscheidungsgremiums verantwortlich. In Zusammenarbeit mit diesem können dann die konstituierenden Entscheidungen hinsichtlich des Projektteams und des übergreifenden Analyseteams getroffen werden. Für diese beiden Gruppen werden zuerst deren Leiter bestimmt, die dann natürlich an der weiteren Zuordnung von Personal und Verantwortlichkeiten in ihrem eigenen Team zu beteiligen sind. Da hierbei vor allem Personalentscheidungen zu treffen sind, erscheint es als sinnvoll, zu diesem Zeitpunkt einen hochrangigen Vertreter der Personalfunktion in die projektvorbereitende Arbeitsgruppe zu integrieren. Auf diesem Wege stehen Personalinformationen zur Verfügung, auf welche die

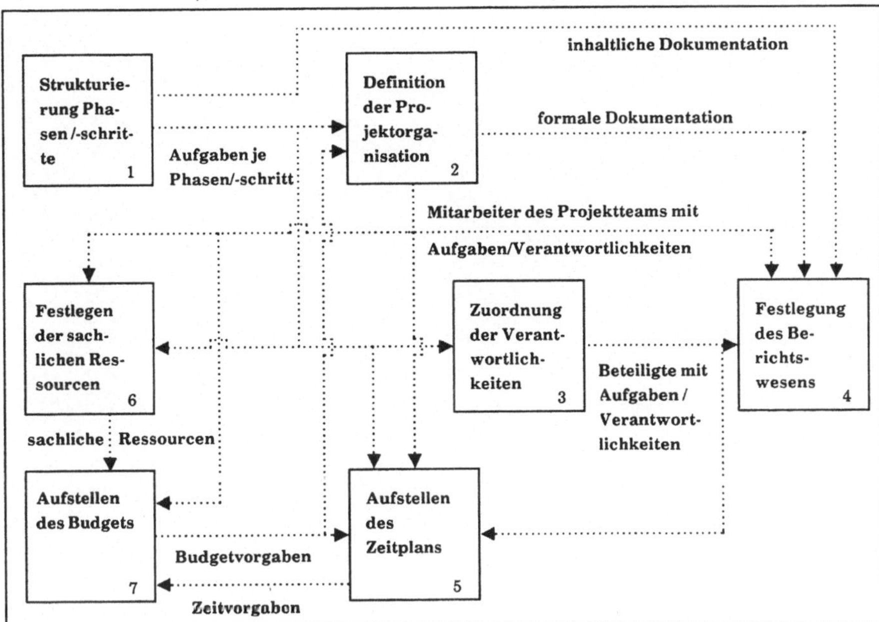

Abbildung 22: Netzplan der Aktivitäten der IKS-Projektplanung

Entscheidungen über die personelle Besetzung der Stellen des Projektteams und des übergreifenden Analyseteams gestützt werden können.

Die Entscheidung über das Budget kann von der projektvorbereitenden Arbeitsgruppe durch eine Strukturierung der Kosten vorbereitet werden. Die Entscheidung selbst muß jedoch der Unternehmensleitung vorbehalten bleiben.

3. Vorgehensmodell der strategieorientierten IKS-Planung

Die folgenden Ausführungen beschreiben das Vorgehensmodell der strategieorientierten IKS-Planung. Dieser Teil ist als Planungshandbuch aufgebaut und kann durch seine Systematik als Grundlage für die Erstellung einer unternehmensindividuellen Vorgehensweise dienen.

Jeder Aufgabenkomplex des Vorgehensmodells wird wie folgt beschrieben, s. Abbildung 23:

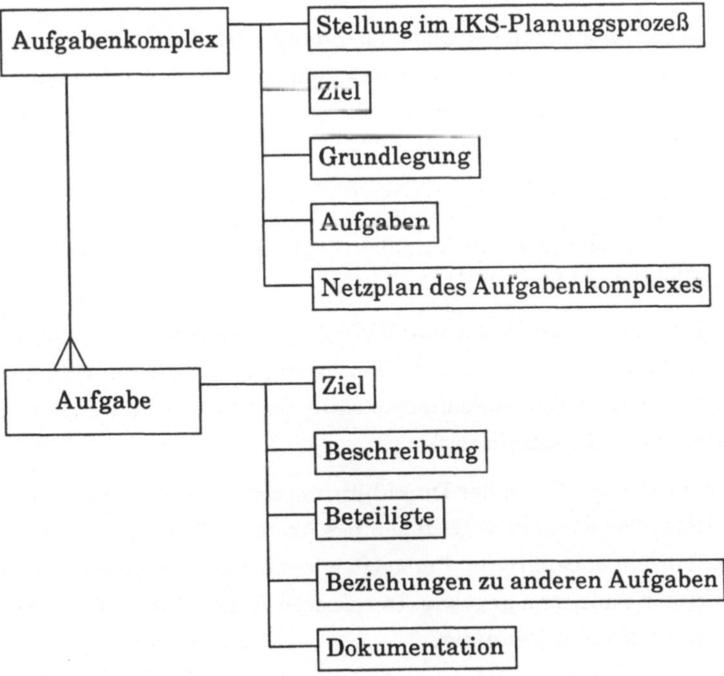

Abbildung 23: Beschreibungsschema für das Vorgehensmodell der strategieorientierten IKS-Planung

Beschreibung eines Aufgabenkomplexes

- Der Überblick über den Aufgabenkomplex beginnnt mit der graphischen Darstellung der Einordnung des betreffenden Aufgabenkomplexes in das gesamte Vorgehensmodell der IKS-Planung (Stellung im IKS-Planungsprozeß).
- Es folgt die Kennzeichnung des übergeordneten Ziels des Aufgabenkomplexes (Ziel).
- Daran schließt sich ein kurzer Überblick zum jeweiligen Thema an (Grundlegung).
- Danach werden die einzelnen Aufgaben des Aufgabenkomplexes im Zusammenhang beschrieben. Hierbei interessieren insbesondere diejenigen Aufgaben, die nicht demselben Aufgabenkomplex zuzuordnen sind, also einen Input an Aufgaben eines anderen Aufgabenkomplexes liefern oder entsprechend einen Output erhalten (Aufgaben).
- Die graphische Darstellung des Zusammenhangs zwischen den Aufgaben und der Beziehungen zu anderen Aufgabenkomplexen erfolgt anhand eines Netzplans (Netzplan des Aufgabenkomplexes).

Beschreibung einer Aufgabe

- Die Beschreibung der einzelnen Aufgaben beginnt mit der Kennzeichnung des jeweiligen Ziels der Aufgaben (Ziel).
- Die eigentliche Beschreibung enthält tiefergehende Ausführungen zum Inhalt der Aufgabe. Hierbei werden auch die Beziehungen zu anderen Aufgaben desselben und anderer Aufgabenkomplexe sowie zu anderen Planungen der IV-Funktion erläutert (Beschreibung).
- Anschließend werden die an der Durchführung der jeweiligen Aufgabe potentiell beteiligten Personen bzw. Gruppen beschrieben (Beteiligte). Erläuterungen zu den einzelnen beteiligten Personen oder Gruppen werden nur einmalig bei ihrem ersten Auftreten gegeben. In späteren Aufgabenbeschreibungen erfolgt dann nur noch ihre Nennung.
- Innerhalb einer Tabelle folgt die Nennung der Aufgaben, mit denen die jeweils beschriebene Aufgabe in irgendeiner Form verbunden ist (Beziehung zu anderen Aufgaben). Hierbei wird unterschieden in
    - Aufgaben (sowohl desselben als auch anderer Aufgabenkomplexe), die einen Input an die betreffende Aufgabe liefern;

- Aufgaben desselben oder anderer Aufgabenkomplexe, die einen Output der betreffenden Aufgabe erhalten;
- Aufgaben, mit denen ein wechselseitiger Informationsaustausch notwendig ist.

Die Möglichkeit, bei wiederholter Durchführung der IKS-Planung auf die Ergebnisse des vorherigen Planungsdurchlaufs zurückgreifen zu können, wird hier nicht ausdrücklich aufgeführt.

- Am Ende steht die Angabe der Ergebnisdarstellung, also der für die jeweilige Aufgabe zu erstellenden Dokumentation.

Analyse der informationstechnischen Möglichkeiten	Nr.: 1

Stellung im IKS-Planungsprozeß

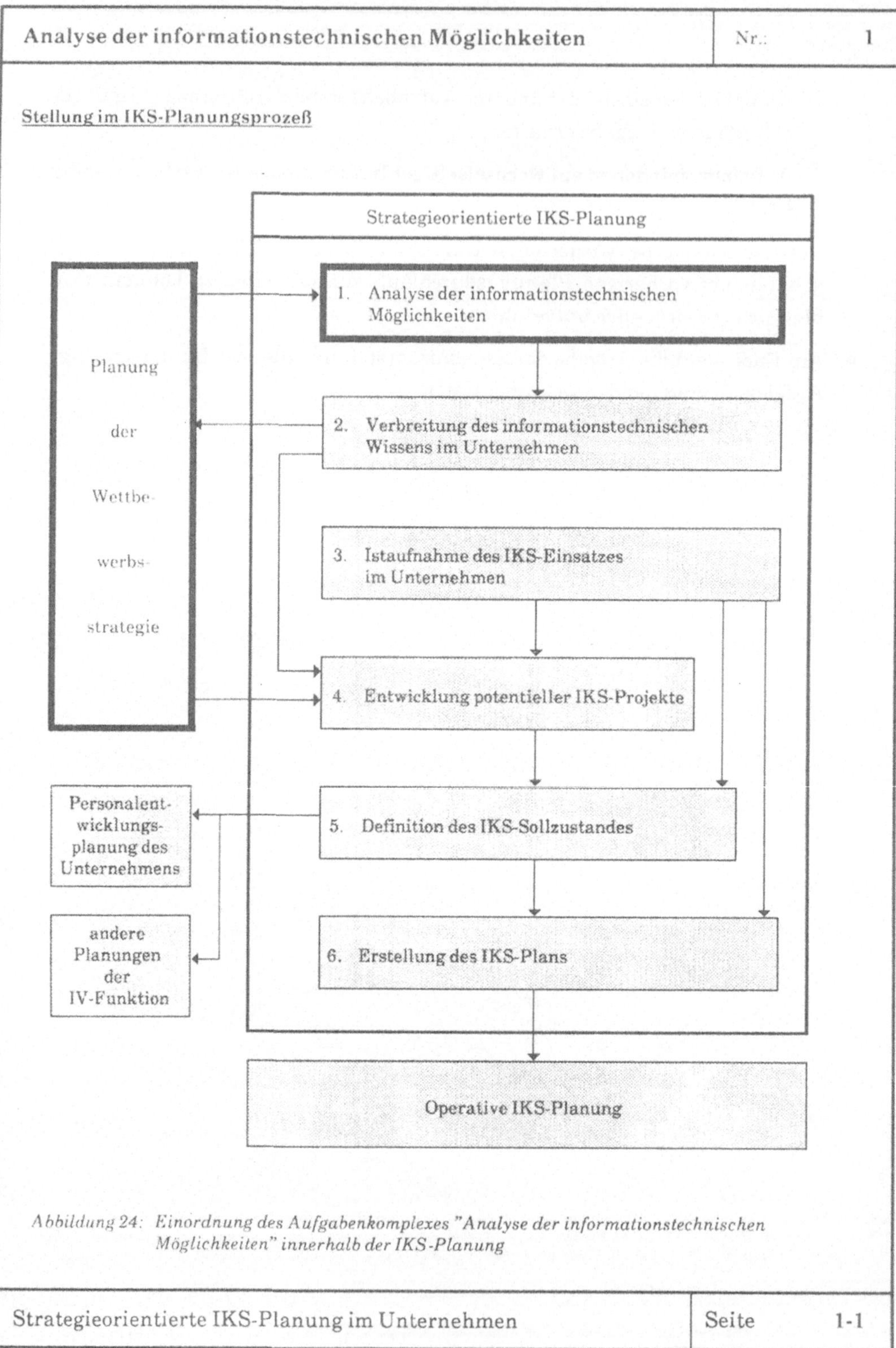

Abbildung 24: Einordnung des Aufgabenkomplexes "Analyse der informationstechnischen Möglichkeiten" innerhalb der IKS-Planung

Ziel

Ziel der Analyse der informationstechnischen Möglichkeiten ist die Ableitung einer grundsätzlichen Aussage über das Potential, das die am Markt verfügbaren informationstechnischen Produkte und Dienstleistungen für das Unternehmensgeschäft hat (IT-Potential); die Größe dieses Potentials bestimmt die wettbewerbsstrategische Ausrichtung der gesamten IKS-Planung und damit die engere oder geringere Verzahnung von IKS-Planung und Planung der Wettbewerbsstrategie

Grundlegung

Die Analyse der am Markt verfügbaren informationstechnischen Möglichkeiten ist die grundlegende Voraussetzung für den Wissenserwerb bezüglich des Beitrages, den die Informationstechnik (IT) für das Unternehmensgeschäft leisten kann. Die Richtung der aktuellen technischen Entwicklung auf den Gebieten der Datenverarbeitung (DV), der Bürotechnik (BT) und der Nachrichtentechnik (NT) ist durch eine zunehmende Integration dieser Bereiche gekennzeichnet /vgl. McFarlan u. a. 83, S.145 f./, die letztlich im sog. multifunktionalen Arbeitsplatz mit der Möglichkeit einer interaktiven, arbeitsplatzorientierten Informationsverarbeitung resultiert /vgl. Krallmann 87, S. 230 ff./, vgl. Abbildung 25.

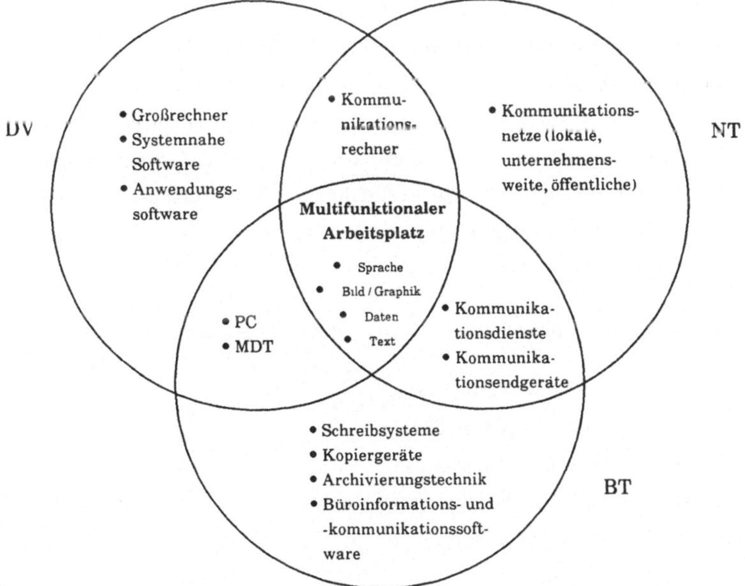

Abbildung 25: Multifunktionaler Arbeitsplatz als Folge der Integration der Informationstechniken

Analyse der informationstechnischen Möglichkeiten	Nr.: 1

Die Dynamik des Marktes für die Informationstechnik zeigt sich konkret in mitunter 30-40 %igen Preissenkungen pro Jahr bei gleichzeitiger Verbesserung der technischen Leistungsmerkmale. Eine eindrucksvolle Veranschaulichung dieses Trends stellt die Tatsache dar, daß heutige Personal Computer (PC) in einer Preiskategorie in Höhe von 10.000,- DM in ihren technischen Möglichkeiten einer Computerausstattung der 60er Jahre entsprechen, deren damaliger Wert die Millionengrenze überstieg.

Die Analyse der informationstechnischen Möglichkeiten innerhalb des IKS-Planungsprozesses hat jedoch nicht alle denkbaren Entwicklungen zu betrachten. Sie muß vielmehr zur individuellen Unternehmensumwelt, d. h. der Branchenentwicklung (z. B. Nachfrageänderungen) und den Wettbewerbsfaktoren (z. B. Verhalten von Abnehmern, Lieferanten, Wettbewerbern) in Beziehung gesetzt werden. In der Interaktion zwischen der IT-Entwicklung und den heutigen Herausforderungen einer komplexen und dynamischen Unternehmensumwelt sehen Benjamin u. a. den "wirtschaftlichen Imperativ der Informationstechnik" /Benjamin u. a. 84, S. 4/. Unternehmen, die diesen Zusammenhang mißachten, laufen Gefahr, in Ihrer IKS-Planung die falschen Prioritäten zu setzen.

Aufgaben

Für eine Ableitung des Potentials der Informationstechnik muß die derzeitige Position des IT-Einsatzes im Unternehmen bekannt sein. Eine diesbezügliche Analyse umfaßt einerseits die Betrachtung, in welcher Phase sich die Informationsverarbeitung eines Unternehmens befindet (IV-Durchdringung), andererseits die Bestimmung der strategischen Rolle, die die Informationsverarbeitung für das Unternehmen spielt. Aufschlußreich für den wettbewerbsstrategischen Einsatz der Informationstechnik ist außerdem die Analyse des IT-Gebrauchs auf seiten der Wettbewerber. Weitere Voraussetzung sind Analysen des IT-Einflusses auf die Branche und auf die Wettbewerbsfaktoren. Diese Aufgaben können jedoch nur auf der Basis einer dauerhaften Beobachtung der informationstechnischen Entwicklung am Markt vollzogen werden.

Somit gelangt man zu folgenden Aufgaben bei der Analyse der informationstechnischen Möglichkeiten:

1.1 Analyse des IT-Gebrauchs durch Wettbewerber,
1.2 Beobachtung der am Markt verfügbaren IT,
1.3 Analyse des IT-Einflusses auf die Branche,
1.4 Analyse des IT-Einflusses auf die Wettbewerbsfaktoren,
1.5 Analyse der strategischen Rolle der IV ,
1.6 Analyse der IV-Durchdringung,
1.7 Ableitung des IT-Potentials.

Für die Analysen bezüglich des IT-Einflusses auf die Branche und auf die Wettbewerbsfaktoren sind die entsprechenden Auswertungen, die innerhalb der wettbewerbsstrategischen Planung erstellt wurden, heranzuziehen. Umgekehrt muß das abgeleitete Potential der Informationstechnik in den Planungsprozeß der Wettbewerbsstrategie einfließen. Über den Einfluß auf die Formulierung der Wettbewerbsstrategie des Unternehmens ergibt sich eine Rückkopplung, wenn bei der Entwicklung potentielle IKS-Projekte auf die wettbewerbskritischen Aktivitäten des Unternehmens Bezug genommen wird.

Das gesamte innerhalb der Analyse der informationstechnischen Möglichkeiten gewonnene Wissen wird im zweiten Aufgabenkomplex an die Unternehmensleitung und das Management vermittelt.

Netzplan des Aufgabenkomplexes

Der in Abbildung 26 dargestellte Netzplan enthält den Zusammenhang der einzelnen Aufgaben des Aufgabenkomplexes untereinander sowie ihre Verknüpfung innerhalb der strategieorientierten IKS-Planung und zur Planung der Wettbewerbsstrategie.

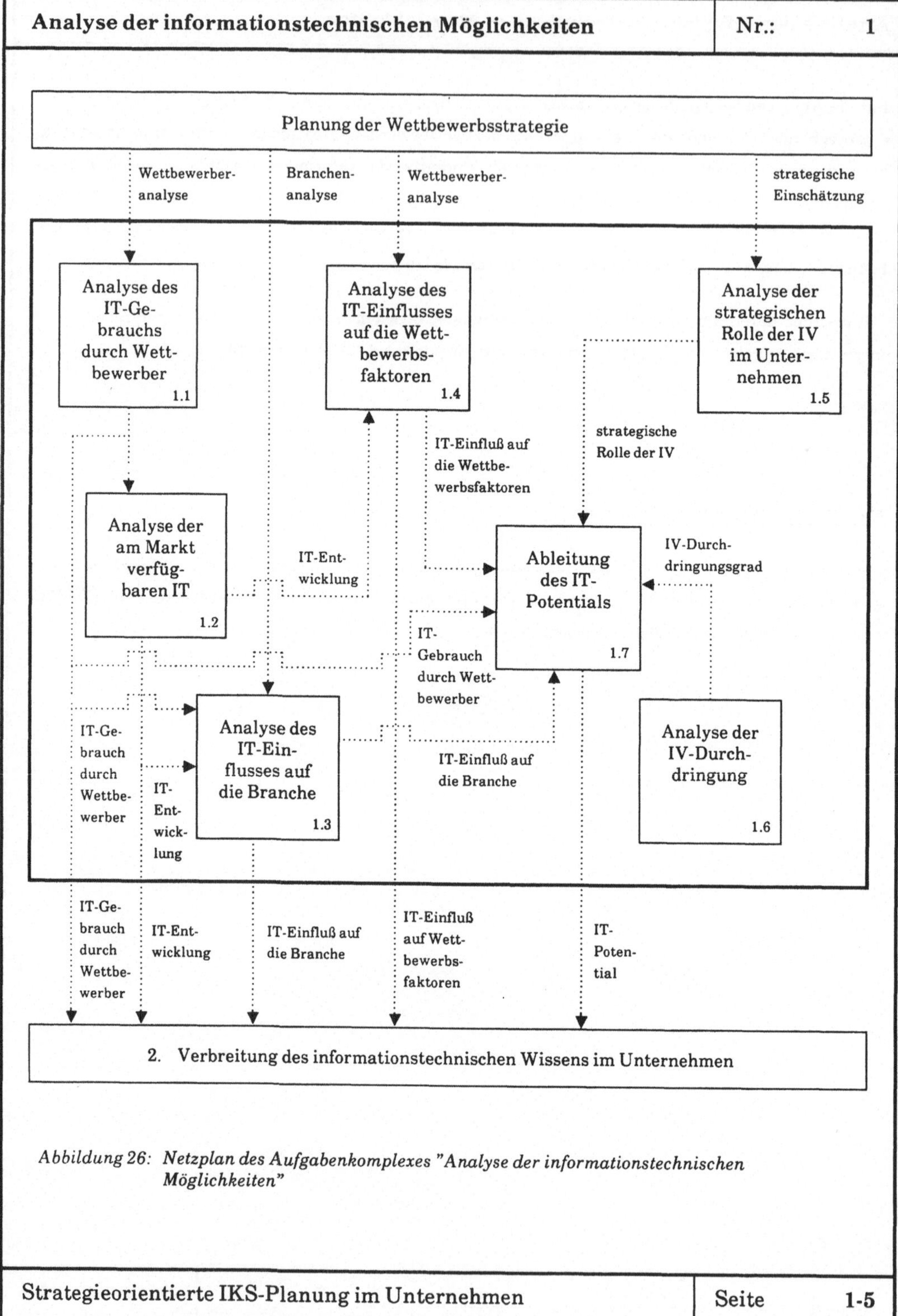

Abbildung 26: Netzplan des Aufgabenkomplexes "Analyse der informationstechnischen Möglichkeiten"

Analyse des IT-Gebrauchs durch Wettbewerber	Nr.: 1.1

Ziel

Erkennen des Gebrauchs der Informationstechnik durch konkurrierende Unternehmen

Beschreibung

Die ständige Beobachtung der Konkurrenz ist nicht nur aus wettbewerbspolitischen Erwägungen notwendig, sondern bietet auch die Möglichkeit, potentielle Einsatzfelder für Informations- und Kommunikationssysteme zu erkennen. Die Beobachtung des IKS-Einsatzes auf seiten der Wettbewerber kann außerdem sowohl die Analyse der informationstechnischen Entwicklung am Markt (1.2) als auch die Analyse des IT-Einflusses auf die Branche (1.3) unterstützen /vgl. Ward 86, S. 158/.

Für die Analyse als solche kann das Wertketten-Konzept verwendet werden, indem jeweils ein Wertkettenmodell für die Aktivitäten eines konkurrierenden Unternehmens erstellt wird. Die verschiedenen Wertketten der Konkurrenten sind der eigenen Wertkette zwar ähnlich, nicht aber vollkommen gleich, so daß eine gesonderte Analyse der Wertketten der Konkurrenten notwendig ist /vgl. Porter 86, S. 63/. Diesbezügliche Informationen müssen somit aus der Planung der Wettbewerbsstrategie in die IKS-Planung einfließen. Hieraus ergibt sich die Notwendigkeit einer ständigen Abstimmung zwischen der F&E-Einheit, der IV-Funktion und dem Gremium der wettbewerbsstrategischen Planung.

Liegt die Wertkette eines Konkurrenten vor, so ist sein IT-Einsatz anhand dieser Wertkette zu klassifizieren. Dies wird am ehesten für diejenigen Aktivitäten möglich sein, die Beziehungen des Konkurrenten mit seiner Umwelt (Lieferanten, Kunden etc.) beinhalten. Abbildung 27 zeigt dies beispielhaft für die Aktivitätengruppe "Marketing/Vertrieb".

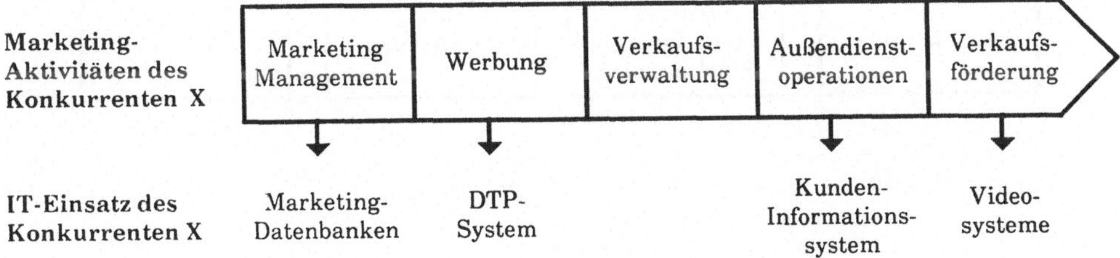

Abbildung 27: Klassifizierung des IT-Einsatzes eines Wettbewerbers anhand seiner Wertkette

Beteiligte

Für die organisatorische Zuordnung der Analyse des IT-Gebrauchs durch die Wettbewerber gibt es drei grundsätzliche Möglichkeiten /vgl. Martiny/Klotz 89, S. 107 f./:

- In Hinsicht auf das Ziel einer klaren Zuordnung der Verantwortung ist die Konstellation als optimal zu beurteilen, bei der eine stellenmäßige Anbindung dieser Aufgabe innerhalb einer IV-Funktion, die für die gesamte Informationstechnik (DV, NT, BT) zuständig ist, erfolgt. Je nach Aufgabenumfang ist die Form einer Einpersonenstelle oder einer Arbeitsgruppe denkbar /vgl. McFarlan/ McKenney 83, S. 97/. Die organisatorische Zuordnung sollte als Stab direkt beim IV-Leiter stattfinden, da dieser gerade in Zukunft die Rolle des weitsichtigen Planers, der den Produktionsfaktor Information gewinnbringend für das Unternehmensgeschäft einzusetzen weiß /vgl. Synnott/Gruber 81, S. 45 ff./, auszufüllen hat. In dieser Betrachtungsweise ergibt sich folgende Eingliederung in die Aufbauorganisation einer IV-Funktion, s. Abbildung 28.

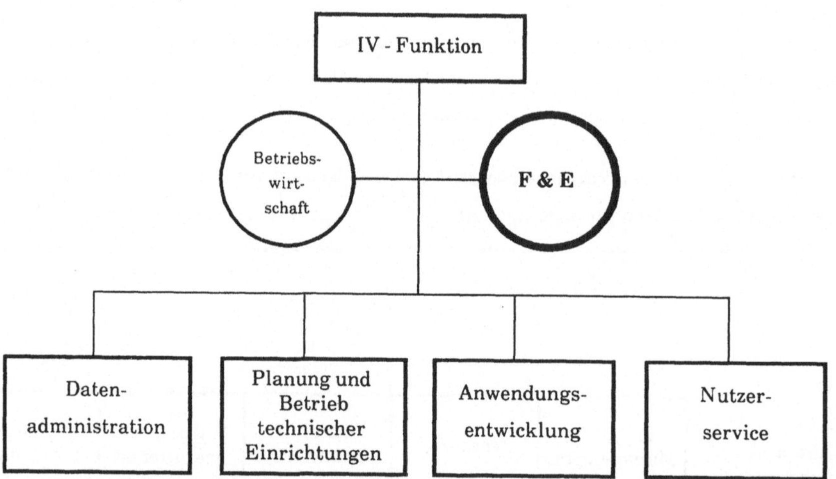

Abbildung 28: Eingliederung der F&E-Einheit in der IV-Funktion /vgl. Martiny/ Klotz 89, S. 118 ff./.

- Liegt die aufbauorganisatorische Voraussetzung einer für die gesamte Informationstechnik verantwortlichen IV-Funktion nicht vor, so ist die Ansiedlung der Stabsstelle direkt bei der Unternehmensleitung oder auch innerhalb einer zentralen Planungsabteilung denkbar.

- Als weitere Möglichkeit kommt die Schaffung eines Ausschusses hinzu, der mit Fachleuten aus mehreren Bereichen (z. B. IV-Funktion, Büroorganisation, Technik, Controlling) besetzt ist. Aufgrund der Notwendigkeit einer dauerhaften Analyse der Marktentwicklung für die informationstechnischen Produkte ist ein zwar regelmäßig, aber nur von Zeit zu Zeit zusammentretender Ausschuß bestenfalls als vorübergehende Notlösung anzusehen.

Gleich welche dieser Formen für die organisatorische Anbindung gewählt wird, sei diese Organisationseinheit im folgenden als F&E-Einheit bezeichnet.

Beziehungen zu anderen Aufgaben

Beziehung zu		Art der Beziehung		
Aufgabe	Notation	Input-Lieferant	Output-Empfänger	wechselseitige Abstimmung
Analyse der am Markt verfügbaren IT	1.2		☒	
Analyse des IT-Einflusses auf die Branche	1.3		☒	
Ableitung des IT-Potentials	1.7		☒	
Vermittlung des IT-Wissens an die Unternehmensleitung	2.1		☒	

Dokumentation

- Beschreibung des IT-Gebrauchs der Wettbewerber
- Einordnung des IT-Gebrauchs der Wettbewerber in ihre Wertketten

Ziel

Erkennen der Marktentwicklung für die Informationstechnik und Bewerten der Trends, die für das Unternehmensgeschäft von Bedeutung sein können

Beschreibung

Die Analyse der am Markt verfügbaren Informationstechnik richtet sich sowohl auf informationstechnische Geräte der Datenverarbeitung, der Nachrichten- und der Bürotechnik als auch auf die jeweilige systemnahe Software sowie die jeweils einsetzbaren Anwendungsprogramme. Der Analyseprozeß selbst beinhaltet zwei grundlegende Aktivitäten /vgl. Martiny/Klotz 89, S. 101/:

- die Aneignung des Wissens über den Entwicklungsstand des aktuellen informationstechnischen Marktangebots und die zukünftigen informationstechnischen Produkte und Dienstleistungen sowie
- das Erkennen von grundsätzlichen Einsatzmöglichkeiten dieser informationstechnischen Produkte und Dienstleistungen als Bestandteil existierender oder potentieller Informations- und Kommunikationssysteme.

Das Wissen kann durch Literaturstudium, das Besuchen von Fachtagungen, Seminaren o. ä., Kontakte zu Herstellern und Anbietern sowie Beobachten des IT-Einsatzes durch die Wettbewerber (1.1) erworben und fortgeschrieben werden. Teilweise kann dieses Wissen durch die Vergabe entsprechender Studien an externe Personen oder Institutionen beschafft werden.

Eine bloße Wissenssammlung reicht jedoch nicht aus. Die informationstechnischen Neuerungen müssen auf einen größeren Zeitraum bezogen und in ihren Entwicklungsschritten bewertet werden. Dies ist für eine realistische Einschätzung der Leistungsfähigkeit eines neuen Trends notwendig und hilft, Investitionen in "technische Sackgassen" zu vermeiden. Die Tatsache, daß die Leistungsfähigkeit einer informationstechnischen Neuentwicklung nicht unbedingt höher sein muß als die Leistungsfähigkeit der Technik des alten Entwicklungsstandes, entspricht dem Grundsatz der S-Kurven-Betrachtung /vgl. Michel 87, S. 69 ff./. Danach ist die Leistungsfähigkeit einer neuen Technologie (in der noch ein relativ geringer F&E-Aufwand steckt) in der Phase ihres Ersteinsatzes regelmäßig niedriger als die der alten, ausgereiften Technologie (für die im Zeitablauf ein relativ höherer kumulierter F&E-Aufwand getätigt wurde), s. Abbildung 29.

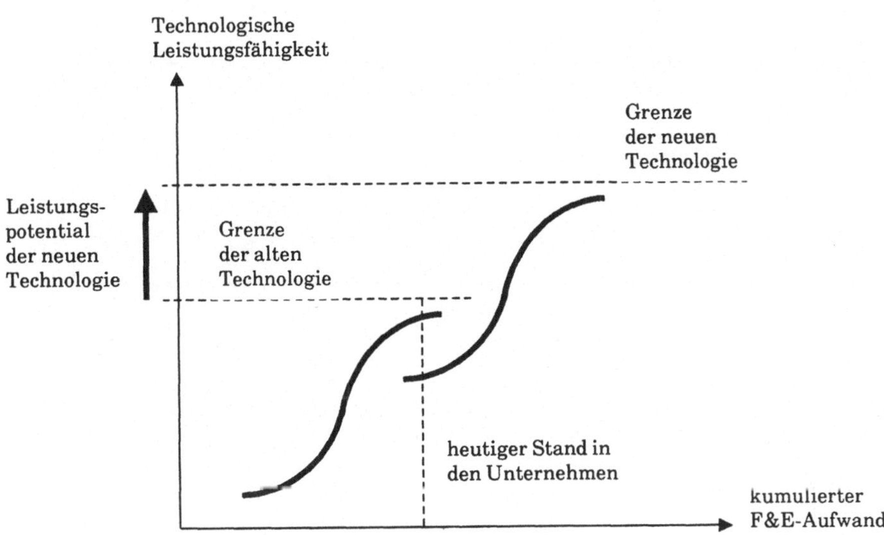

Abbildung 29: S-Kurven-förmiger Verlauf der Leistungsfähigkeit neuer Technologien /nach Hoch 87, S. 94/

Trotzdem ist es sinnvoll, in neue Technologien zu investieren, da das mit der neuen Technologie zu erzielende Leistungspotential mittel- bis langfristig das Potential der alten, am Ende ihres Lebenszyklus angelangten Technologie übertrifft. Der Zeitraum für einen Technologiewechsel wird in der Wachstumsphase der neuen Technologie gesehen /vgl. Sommerlatte/Deschamps 86, S. 52 ff./. Überträgt man diese Überlegungen auf die informationstechnische Entwicklung, so ist für die Entscheidung, ob ein bestimmtes informationstechnisches Produkt bzw. eine bestimmte informationstechnische Dienstleistung im Unternehmen eingesetzt bzw. in Anspruch genommen werden soll, eine Analyse der Lebenszyklusphase der betreffenden informationstechnischen Entwicklung notwendig.

Für das Erkennen der grundsätzlichen Einsatzmöglichkeiten im Unternehmen bietet sich die Systematisierung der verschiedenen informationstechnischen Produkte und Dienstleistungen anhand der Wertkette des Unternehmens an. Abbildung 30 zeigt dies exemplarisch für eine übergeordnete Wertkette.

Sekundäre Aktivitäten		
	Unternehmensinfrastruktur	Planungsmodelle, PPS-System
	Personalwirtschaft	Personalinformationssystem, Computergestütztes Lernen
	Technologieentwicklung	CAD/CAM, CIM, EUS, Softwareentwicklungstools
	Beschaffung	Online-Beschaffung von Komponenten, Just-In-Time-System

Eingangs-Logistik	Produktion	Ausgangs-Logistik	Marketing/ Vertrieb	Kundendienst
Automatisierte Lagerhaltung	FFS Produktionsleitstand Verkaufs-System	Automatisierte Auftragsabwicklung	Telemarketing Tragbare Computer für Verkäufer	Kundendienst per Datenkommunikation

Primäre Aktivitäten

Abbildung 30: Wertketten-Modell mit Einordnung verschiedener informationstechnischer Produkte und Dienstleistungen /nach Porter/Millar 86, S. 29/

Durch eine Betrachtung des Beitrages, den eine informationstechnische Entwicklung für eine Unternehmensaktivität leistet, läßt sich erkennen, inwieweit das jeweilige Produkt bzw. die jeweilige Dienstleistung über eine Wertsteigerung und/oder Kostensenkung die Wertkette beeinflußt. Eine solche allgemeine Zuordnung reicht an dieser Stelle aus, da hier nur die grundsätzlichen Einsatzmöglichkeiten aufgezeigt werden sollen. Der konkrete Bezug zur jeweiligen Branche bzw. zu den Wettbewerbsfaktoren des Unternehmens wird auf der Grundlage der hier erzielten Ergebnisse innerhalb der folgenden Aufgaben (1.3 und 1.4) hergestellt.

Analyse der am Markt verfügbaren IT

Nr.: 1.2

Beteiligte

- F&E-Einheit
- Für die Aneignung des Wissens über den Entwicklungsstand und die zukünftigen informationstechnischen Produkte und Dienstleistungen kann auch auf externe Berater bzw. Informationsdienste zurückgegriffen werden.

Beziehungen zu anderen Aufgaben

Beziehung zu		Art der Beziehung		
Aufgabe	Notation	Input-Lieferant	Output-Empfänger	wechselseitige Abstimmung
Analyse des IT-Gebrauchs durch Wettbewerber	1.1	☒		
Analyse des IT-Einflusses auf die Branche	1.3		☒	
Analyse des IT-Einflusses auf die Wettbewerbsfaktoren	1.4		☒	
Vermittlung des IT-Wissens an das Management	2.2		☒	

Dokumentation

- Sammlung von Beschreibungen der Entwicklung einzelner informationstechnischer Produkte und Dienstleistungen
- Beurteilungen der einzelnen informationstechnischen Produkte und Dienstleistungen
- Protokolle von Tagungen, Fachgesprächen o. ä.
- Zuordnung der informationstechnischen Entwicklungen zu den Aktivitäten des Unternehmens
- Bewertung der grundsätzlichen Einsatzmöglichkeiten der einzelnen informationstechnischen Komponenten

Analyse des IT-Einflusses auf die Branche	Nr.: 1.3

Ziel

Aufzeigen der grundsätzlichen Veränderungen, die das Branchengeschäft durch informationstechnische Entwicklungen erfährt

Beschreibung

Bevor der Einfluß der Informationstechnik auf das Unternehmen analysiert werden kann, muß der Einfluß der Informationstechnik auf die Branche bekannt sein. Es ist an dieser Stelle also notwendig, die informationstechnische Entwicklung (resultierend aus 1.2) den Beschreibungsmerkmalen der Branche zuzuordnen. Hierzu sollte die unternehmensindividuelle Branchenanalyse aus der Planung der Wettbewerbsstrategie in die IKS-Planung einfließen.

Für die Analyse des Einflusses der Informationstechnik auf die Branche kann der Ansatz von Parsons verwendet werden, der derartige Branchenanalysen in drei Bereiche aufteilt /vgl. Parsons 83, S. 4 ff./:

- Produkte und Dienstleistungen,
- Markt,
- Produktionswirtschaft.

Hinsichtlich der Produkte und Dienstleistungen kann der Einsatz von Informationstechnik eine Änderung des Produktlebenszyklus und der Distributionsgeschwindigkeit bewirken. Bei den Märkten besteht vor allem die Möglichkeit einer Expansion in benachbarte Branchen oder Regionen. Produktionstechnische Entwicklungen betreffen in erster Linie die Möglichkeit der Flexibilisierung der Produktion und damit die Chance einer Fertigung mit geringen Losgrößen und entsprechend stärkerer Berücksichtigung individueller Kundenwünsche (s. die detaillierten Beschreibungen auf S. 4 f.). Als Quelle für die Untersuchung des informationstechnischen Einflusses auf die Branche können ebenfalls Erkenntnisse dienen, die durch die Analyse des IT-Gebrauchs der Wettbewerber (1.1) erzielt wurden.

Die Produkte einer Branche können auch dadurch eine grundlegende Änderung erfahren, daß der Informationsbestandteil eines Produkts erhöht wird /vgl. Lamprecht/Jackson 89, S. 32/. Für eine diesbezügliche Analyse muß untersucht werden, inwieweit die einzelnen Ebenen eines Produkts durch eine Informationskomponente verändert werden können. Jedes Produkt läßt sich in drei Ebenen unterteilen /nach Kotler 82, S. 363 ff./, vgl. Abbildung 31:

- Das Kernprodukt beinhaltet den Grundnutzen des Produkts, der sich darin zeigt, daß für den Kunden ein bestimmtes Problem (das von Kunde zu Kunde variieren kann) gelöst wird.

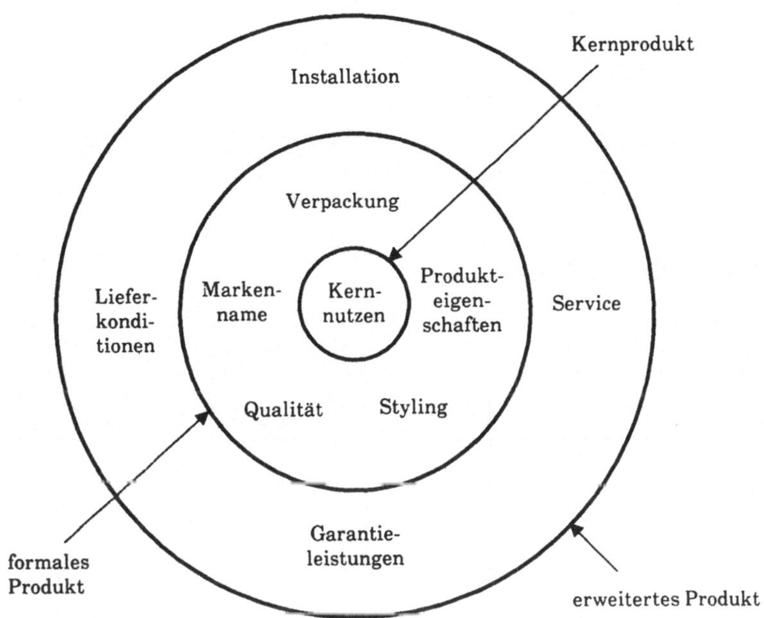

Abbildung 31: Die drei Ebenen eines Produkts /nach Kotler 82, S. 364/

- Das formale Produkt ist die "konkrete physische Einheit, die unmittelbar als Kaufobjekt erkannt wird" /Kotler 82, S. 364/. Diesem Kaufobjekt können fünf Charakteristika zugeordnet werden: Qualitätsniveau, Produkteigenschaften, Styling, Markenname und Verpackung.
- Das erweiterte Produkt umfaßt den Zusatznutzen, den ein Käufer bei Erwerb des formalen Produkts erhält. Dies können z. B. sein: Installation, Lieferkonditionen, Service, Garantieleistungen.

Bei Dienstleistungen kann der Beitrag einer Informationskomponente bis auf das Kernprodukt durchschlagen, bei materiellen Produkten wird sich dieser eher auf das formale, vor allem aber auf das erweiterte Produkt beziehen.

Als Alternative zur Klassifizierung nach Parsons bietet sich auch hier die Verwendung des Wertkettenmodells an, indem die primären Aktivitäten durch Bezug auf die Branche des Unternehmens detailliert werden. Von besonderer Bedeutung wären dabei diejenigen Aktivitäten, die das Unternehmen von den allgemeinen Aktivitäten der Branche unterscheidet, bzw. die Branchenaktivitäten, in deren Ausführung das Unternehmen besonders stark oder schwach ist.

Analyse des IT-Einflusses auf die Branche	Nr.: 1.3

Beteiligte

- F&E-Einheit
- Eine Hinzuziehung externer Berater zur erstmaligen Durchführung der Aufgabe bietet sich an, wenn bisher im Unternehmen keine eigene Vorgehensweise entwickelt wurde.

Beziehungen zu anderen Aufgaben

Beziehung zu		Art der Beziehung		
Aufgabe	Notation	Input-Lieferant	Output-Empfänger	wechselseitige Abstimmung
Analyse des IT-Gebrauchs durch Wettbewerber	1.1	☒		
Analyse der am Markt verfügbaren IT	1.2	☒		
Ableitung des IT-Potentials	1.7		☒	
Vermittlung des IT-Wissens an die Unternehmensleitung	2.1		☒	

Dokumentation

- Beschreibung der durch die informationstechnische Entwicklung veränderten Produktebenen
- Beschreibung der Veränderung der Märkte
- Beschreibung der Veränderung der branchenspezifischen Produktionswirtschaft
- Zuordnungen der informationstechnischen Entwicklungen zu den Branchenaktivitäten

Ziel

Aufzeigen der Beeinflussung der Wettbewerbsfaktoren durch die Entwicklung der Informationstechniken

Beschreibung

Diese Aufgabe beinhaltet eine Zuordnung der informationstechnischen Entwicklungen zu den einzelnen Wettbewerbsfaktoren des Unternehmens und ihre Gewichtung. Die Beurteilung der Bedeutung der einzelnen Wettbewerbsfaktoren muß somit aus der Planung der Wettbewerbsstrategie in die IKS-Planung einfließen.

Als Ansatzpunkt für die Analyse des IT-Einflusses auf die Wettbewerbsfaktoren des Unternehmens können folgende fünf Fragen McFarlan's dienen /nach McFarlan 84, S. 99 ff./.

(1) Können durch den Einsatz von Informationstechnik Eintrittsbarrieren gegen neue Wettbewerber errichtet werden?

(2) Können durch IT-Einsatz die Umstellungskosten, die dem Kunden bei einem Wechsel zur Konkurrenz entstehen würden, erhöht werden?

(3) Kann der IT-Einsatz den Markt grundlegend verändern?

(4) Kann der Einsatz von Informationstechnik zu einer Verschiebung der Machtverhältnisse am Markt beitragen?

(5) Können durch IT-Einsatz neue Produkte hervorgebracht werden?

Die Fragen drei und vier wurden in 1.3 der Branchenanalyse zugeordnet, die Fragen eins, zwei und fünf lassen sich in das Schema der Wettbewerbsfaktoren nach Porter einordnen, das zudem weitergehende Gesichtspunkte enthält. Hiernach muß die Analyse des Einflusses der Informationstechnik hinsichtlich

- der Möglichkeit des Markteintritts neuer Wettbewerber,
- der Gefahr von Substitutionsprodukten,
- der Verhandlungsstärke der Abnehmer,
- der Verhandlungsstärke der Lieferanten und
- der Rivalität unter den Branchenwettbewerbern

vorgenommen werden /vgl. Porter 86, S. 22 ff./. Cash und Konsynski sehen im Hinblick auf diese Einteilung ein hohes Potential vor allem bei einem Einsatz betriebsübergreifender Informations- und Kommunikationssysteme /vgl. auch Ischebeck 89, S. 22 ff./, die die Unternehmensgrenzen überschreiten und zu einer mit Marktteilnehmern gemeinsamen Nutzung von Informations- und Kommunikationssystemen führen.

Auf der Basis des Schemas von Porter lassen sich prinzipielle Einsatzmöglichkeiten der verschiedenen informationstechnischen Entwicklungen zur Beeinflussung der Wettbewerbsfaktoren /vgl. Cash/ Konsynski 85, S. 138 f./ identifizieren, s. Abbildung 32.

Wettbewerbsfaktor	Auswirkungen	IT-Einsatz hinsichtlich
neue Konkurrenten	Erhöhung der Kapazitäten Ressourcenengpässe Preisverfall oder erhöhte Kosten	Schaffung von Eintrittsbarrieren, Ausnutzung von Größenvorteilen, Erhöhung der Umstellungskosten, Produktdifferenzierung, Beschränkung des Zugangs zu Vertriebskanälen, Kontrolle des Marktzugangs
Abnehmer	Preisverfall höhere Qualität besserer Service größerer Wettbewerb	Differenzierung, Erhöhung der Umstellungskosten
Lieferanten	höhere Einstandspreise Senkung der Qualität Servicereduzierungen	Verringerung der Umstellungskosten, Förderung des Wettbewerbs, Verringerung der Abhängigkeit vom Lieferanten
Substitutionsprodukte	Verringerung der Gewinnspannen Preisschranken	Verbesserung des Preis/Leistungsverhältnisses, Neudefinition des Produkts
Rivalität	Wettbewerb hinsichtlich Preis, Produkt, Vertrieb und Service	Senkung der Kosten, Kontrolle des Marktzugangs, Differenzierung des Produkts und des Unternehmens

Abbildung 32: IT-Einsatzpotential bezogen auf die Wettbewerbsfaktoren /nach Cash/Konsynski 85, S. 139; vgl. Porter 87, S. 27 ff./

In Abhängigkeit der Stärke der verschiedenen Wettbewerbsfaktoren läßt sich analysieren, wo die Haupteinsatzbereiche im Unternehmen für informationstechnische Produkte und Dienstleistungen bestehen.

Analyse des IT-Einflusses auf die Wettbewerbsfaktoren | Nr.: 1.4

Beteiligte

- F&E-Einheit
- Auch hier kann das Hinzuziehen externer Berater sinnvoll sein.

Beziehungen zu anderen Aufgaben

Beziehung zu		Art der Beziehung		
Aufgabe	Notation	Input-Lieferant	Output-Empfänger	wechselseitige Abstimmung
Analyse der am Markt verfügbaren IT	1.2	☒		
Ableitung des IT-Potentials	1.7		☒	
Verbreitung des informationstechnischen Wissens im Unternehmen	2.1		☒	

Dokumentation

- Beschreibung des grundsätzlichen IT-Einsatzpotentials hinsichtlich der einzelnen Wettbewerbsfaktoren
- Gewichtung des grundsätzlichen IT-Einsatzpotentials durch die Bedeutung der Wettbewerbsfaktoren

Ziel

Erkennen der grundsätzlichen Rolle, die die Informationsverarbeitung aus Sicht der Unternehmensleitung für das Unternehmen spielt

Beschreibung

Für die Bestimmung der strategischen Rolle, die die Informationsverarbeitung für das Unternehmen spielt, nehmen McFarlan u. a. eine Einordnung der Informationsverarbeitung des Unternehmens nach den beiden Merkmalen

- strategische Bedeutung der bestehenden Informations- und Kommunikationssysteme und
- strategische Bedeutung der in der Entwicklung befindlichen Informations- und Kommunikationssysteme

vor /vgl. McFarlan u. a. 83, S. 150 f./. Über eine Kreuzung gelangen sie zu einer Einteilung in vier Klassen, die die derzeitige Bedeutung der Informationsverarbeitung für das Unternehmen widerspiegelt, s. Abbildung 33.

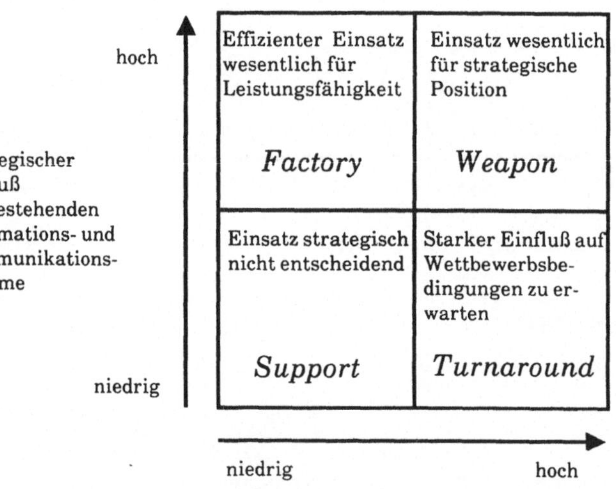

Abbildung 33: Rolle der Informationsverarbeitung im Unternehmen /nach McFarlan u. a. 83, S. 150/

Die Klassen lassen sich kurz wie folgt charakterisieren:

- Unterstützung ("Support")

  Zu dieser Gruppe gehören Unternehmen, deren operationales Geschäft nicht notwendigerweise vom einwandfreien Funktionieren der Informations- und Kommunikationssysteme abhängt. Außerdem kommt den in der Entwicklung befindlichen IKS keine strategische Bedeutung zu. Die Informationsverarbeitung dieses Typs dient vornehmlich als Rationalisierungsinstrument.

- Fabrik ("Factory")

  Unternehmen dieser Gruppe sind in ihrem Tagesgeschäft entscheidend von der Informationsverarbeitung abhängig. Ausfälle der operationalen Informations- und Kommunikationssysteme führen hier zum weitreichenden Zusammenbruch der Unternehmensaktivitäten. Die Entwicklungsarbeiten betreffen in erster Linie die Wartung bestehender Informations- und Kommunikationssysteme oder neue Anwendungen ohne strategische Bedeutung.

- Durchbruch ("Turnaround")

  Bei Unternehmen dieser Gruppe hängt zwar das Tagesgeschäft nicht entscheidend vom Funktionieren der Informationsverarbeitung ab, die in der Entwicklung befindlichen Informations- und Kommunikationssysteme sind für das Unternehmen jedoch von wettbewerbskritischem Interesse. Die strategische Bedeutung der künftigen Informationsverarbeitung ist somit als stark zu bezeichnen.

- Waffe ("Weapon")

  In diese Gruppe fallen Unternehmen, bei denen einerseits das Tagesgeschäft vom Funktionieren der Informationsverarbeitung abhängt, andererseits die laufenden Systementwicklungen wesentlich für die Wettbewerbsfähigkeit des Unternehmens sind.

Je nach Position der Informationsverarbeitung lassen sich für ein Unternehmen unterschiedliche Aktivitäten bei der Planung betrieblicher Informations- und Kommunikationssysteme ableiten. McFarlan u. a. betonen insbesondere, daß in Unternehmen, in denen die Informationsverarbeitung lediglich eine unterstützende Funktion ohne strategische Bedeutung hat, Unternehmensleitung bzw. Management nicht in den IKS-Planungsprozeß einbezogen werden sollten /vgl. McFarlan u. a. 83, S. 151 f./. Allerdings ist zu beachten, daß sich verschiedene Geschäftsbereiche eines Unternehmens in unterschiedlichen Klassen befinden können.

Beteiligte

- F&E
- Für die Urteile über die jeweilige strategische Bedeutung ist eine Einschätzung der aktuellen und der in Entwicklung befindlichen Informations- und Kommunikationssysteme durch die Unternehmensleitung bzw. das mit der Planung der Wettbewerbsstrategie befaßte Gremium notwendig.

Beziehungen zu anderen Aufgaben

Beziehung zu		Art der Beziehung		
Aufgabe	Notation	Input-Lieferant	Output-Empfänger	wechselseitige Abstimmung
Ableitung des IT-Potentials	1.7		☒	

Dokumentation

- Einschätzung der strategischen Bedeutung der bedeutenden im Einsatz befindlichen Informations- und Kommunikationssysteme
- Einschätzung der strategischen Bedeutung der in der Entwicklung befindlichen Informations- und Kommunikationssysteme
- Beschreibung der grundsätzlichen Rolle der Informationsverarbeitung im Unternehmen

Ziel

Erkennen der Position, in der sich die Informationsverarbeitung im Unternehmen aktuell befindet

Beschreibung

Für die Beschreibung der Position, die die Informationsverarbeitung im Unternehmen einnimmt, existieren verschiedene Phasenmodelle, die die IV-Durchdringungsphasen des Unternehmens beschreiben /vgl. Nolan 79, S. 116 ff./. Zur Klassifikation verwenden diese Modelle Merkmale wie:

- Art und Umfang der eingesetzten Informationstechnik,
- Abhängigkeit des operationalen Tagesgeschäftes von den eingesetzten Informations- und Kommunikationssystemen,
- interne Aufbauorganisation der IV-Funktion,
- Anbindung der IV-Funktion in der Unternehmenshierarchie,
- Gegenstand und Umfang der IV-Planung,
- Gegenstand und Umfang der IV-Kontrolle,
- Einstellung der Nutzer zur Informationsverarbeitung,
- Einstellung des Managements zur Informationsverarbeitung.

Aus einer Bildung verschiedener Klassen und einer Zuordnung des Unternehmens bzw. einzelner Unternehmensbereiche kann eine Aussage über den Stand der IV-Durchdringung abgeleitet werden. Basierend auf empirischen Studien hat Nolan sechs Stufen der IV-Durchdringung des Unternehmens entworfen, s. Abbildung 34.

Als wesentliche Erkenntnis identifiziert Nolan zwischen der dritten und der vierten Stufe einen Wendepunkt vom "computer management" zum "data resource management". Dieser Wechsel ist vor allem Folge eines verstärkten Einsatzes von Datenbanksystemen, der Nachrichtentechnik und der Integration von operationalen Anwendungssystemen sowie anspruchsvoller Forderungen von seiten der Nutzer. Um diesen grundlegenden Wandel bewerkstelligen zu können, sind Veränderungen der IKS-Planung und -Kontrolle notwendig. Diese Veränderungen sind gekennzeichnet z. B. durch eine DV-Kostenerfassung und -verrechnung, eine Erfolgsmessung der IV-Funktion oder den Einsatz eines mit Mitgliedern der Unternehmensleitung besetzten DV-Steuerungsausschusses /nach Nolan 79, S. 120/.

IV-Durchdringungsmerkmale	Stufen der IV-Durchdringung					
	Einführung	Ansteckung	Kontrolle	Integration	Datenadministration	Reife
DV-Anwendungen	Anwendungssysteme zur Kostenreduktion	Implementierung weiterer Anwendungen	Erstellung von Anwendungsdokumentationen und Neuentwicklung von Anwendungen	Umstellung existierender Anwendungen auf Datenbanktechnologie	Integration der Anwendungen	Integrierte Anwendungen spiegeln die Informationsflüsse des Unternehmens wider
Organisation der DV	DV-technische Spezialisierung der DV-Funktion	Nutzer-orientierte Programmierung	DV gehört zum mittleren Management	Einrichtung von Nutzergruppen	Aufbau einer Datenadministration	Management der Unternehmensdaten als Ressource
DV-Planung und -Kontrolle	schwach ausgeprägt	ohne Bedeutung	Einführung formalisierter Planungs- und Kontrollverfahren	Einführung maßgeschneiderter Planungs- und Kontrollverfahren	unternehmensweite Nutzung von Daten und Systemen	strategische Planung der DV
Rolle der DV-Nutzer	unbeteiligt	enthusiastisch	Verlagerung von Verantwortlichkeiten auf die Nutzer	Nutzer lernen zunehmend Verantwortung zu tragen	Nutzer trägt Verantwortung für Qualität und nutzbringende Verwendung der Daten	Akzeptanz der gemeinsamen Verantwortung von DV-Funktion und Nutzern für die DV

Abbildung 34: Die sechs Stufen der IV-Durchdringung des Unternehmens /nach Nolan 79, S. 117/

Analyse der IV-Durchdringung	Nr.: 1.6

Beteiligte

- F&E

Beziehungen zu anderen Aufgaben

Beziehung zu		Art der Beziehung		
Aufgabe	Notation	Input-Lieferant	Output-Empfänger	wechselseitige Abstimmung
Ableitung des IT-Potentials	1.7		☒	

Dokumentation

- Beschreibung der Ausprägungen der Merkmale für die Einordnung des Unternehmens oder einzelner Unternehmensbereiche in das Durchdringungsschema
- Zusammenfassende Beschreibung der IV-Durchdringung des Unternehmens oder einzelner Unternehmensbereiche

Ziel

Erkennen des Potentials der verfügbaren Informationstechnik für die Unterstützung der Unternehmensaktivitäten

Beschreibung

Basierend auf den Ergebnissen der vorangegangenen Aufgaben ist an dieser Stelle ein Review des bisherigen Wissensstandes vorzunehmen. Dies beinhaltet einen Vergleich der einzelnen Erkenntnisse, wobei insbesondere der Einfluß der Informationstechnik auf Branche und Wettbewerbsfaktoren auf der einen Seite der strategischen Rolle der IV und dem derzeitigen IV-Durchdringungsgrad im Unternehmen auf der anderen Seite gegenübergestellt werden müssen.

Die Ableitung des Potentials, das die informationstechnische Entwicklung für die Unterstützung des Unternehmensgeschäfts bietet, kann innerhalb von Workshops durchgeführt werden, an denen die Träger der wettbewerbstrategischen Planung teilnehmen sollten. Dieser Workshop sollte von einem unabhängigen externen Berater moderiert werden.

Die bei der Durchführung dieser Aufgabe erzielten Ergebnisse bilden die Grundlage dafür, daß das Potential der Informationstechnik innnerhalb der wettbewerbsstrategischen Planung berücksichtigt werden kann.

Beteiligte

- F&E-Einheit
- Gremium der wettbewerbsstrategischen Planung
- externer Berater

Ableitung des IT-Potentials	Nr.: 1.7

Beziehungen zu anderen Aufgaben

Beziehung zu		Art der Beziehung		
Aufgabe	Notation	Input-Lieferant	Output-Empfänger	wechselseitige Abstimmung
Analyse des IT-Gebrauchs durch Wettbewerber	1.1	☒		
Analyse des IT-Einflusses auf die Branche	1.3	☒		
Analyse des IT-Einflusses auf die Wettbewerbsfaktoren	1.4	☒		
Analyse der strategischen Rolle der IV im Unternehmen	1.5	☒		
Analyse der IV-Durchdringung	1.6	☒		
Vermittlung des IT-Wissens an die Unternehmensleitung	2.1		☒	

Dokumentation

- Beschreibung des Vergleichs der Ergebnisse der einzelnen Aufgaben
- Beschreibung des Potentials, das informationstechnische Produkte und Dienstleistungen für das Unternehmensgeschäft bieten

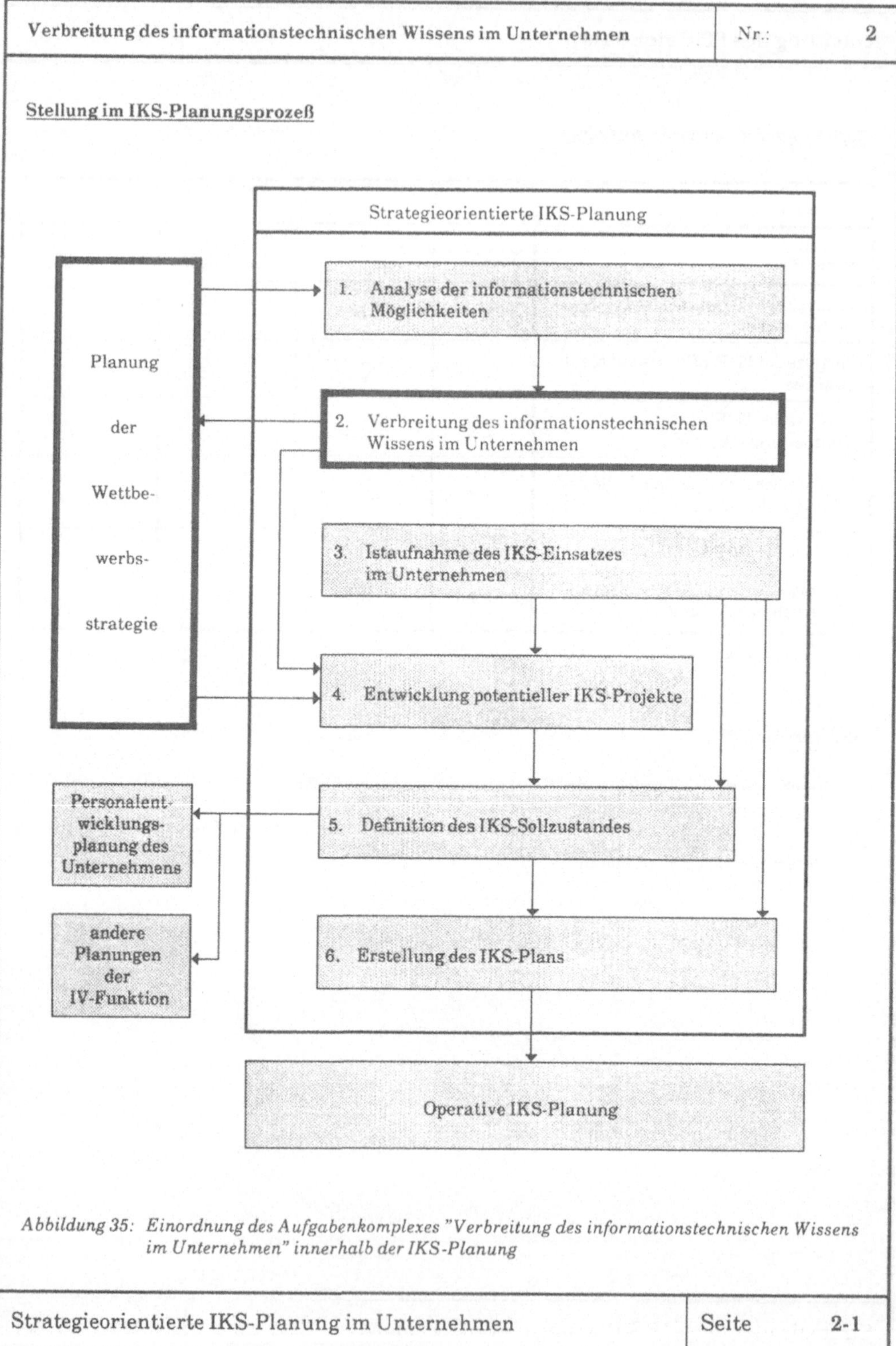

Abbildung 35: Einordnung des Aufgabenkomplexes "Verbreitung des informationstechnischen Wissens im Unternehmen" innerhalb der IKS-Planung

Ziel

Verbreitung des Wissens über grundlegende informationstechnische Trends, Produkte und Dienstleistungen, die für das Unternehmensgeschäft von Bedeutung sind

Beschreibung

Basierend auf der Erkenntnis, daß die Planung von Informations- und Kommunikationssystemen, insbesondere von strategisch bedeutenden IKS-Projekten, nicht Angelegenheit einer einzelnen Organisationseinheit (Planungsstab, Steuerungsausschuß o. ä.) sein kann, muß ein möglichst großer Kreis des Managements an der IKS-Planung beteiligt werden. Dies ist notwendig, da heutige Informations- und Kommunikationssysteme in der Lage sind sowohl

- die Geschäftstätigkeit des gesamten Unternehmens zu unterstützen als auch
- die Produktivität und Effizienz des Managementprozesses selbst (z. B. durch Entscheidungsunterstützungs- oder Expertensysteme) zu erhöhen /vgl. Rockart/Crescenzi 84, S. 3/.

Die Teilnahme von Mitgliedern der Unternehmensleitung und des Managements wird hier als notwendiger Teil ihrer Führungstätigkeit gesehen, die darauf ausgerichtet sein muß, in ihrem Verantwortungsbereich die optimale Ausnutzung aller Ressourcen - also auch des Produktionsfaktors "Information" - sicherzustellen. Eine Partizipation setzt jedoch das notwendige Wissen um die Möglichkeiten der aktuellen informationstechnischen Entwicklungen voraus. Die heutige Situation in den Unternehmen ist allerdings gerade durch elementare Verständnis- und Verständigungsschwierigkeiten über den Umgang mit Informations- und Kommunikationssystemen gekennzeichnet /vgl. Martiny/Klotz 89, S. 61/. Das Wissen über Stand und Trends der Informationstechnik (IT-Wissen) muß somit im Unternehmen kommuniziert werden, wobei auf zwei Zielgruppen abzustellen ist: die Unternehmensleitung einerseits und das Management der Fachabteilungen andererseits. Beiden Gruppen muß durch eine entsprechende Wissensvermittlung die aktive Beteiligung an der IKS-Planung ermöglicht werden. Hierbei ist die Vermittlung des Wissens ständige Aufgabe der F&E-Einheit der IV-Funktion.

Aufgaben

Die Verbreitung des informationstechnischen Wissens im Unternehmen kann entsprechend der Zielgruppen in zwei Aufgaben unterteilt werden.

2.1 Vermittlung des IT-Wissens an die Unternehmensleitung,

2.2 Vermittlung des IT-Wissens an das Management.

Während die Wissensvermittlung an das Management zum Großteil auf den Erkenntnissen der Analyse der am Markt verfügbaren Informationstechnik beruht, stehen bei der Wissensvermittlung an die Unternehmensleitung insbesondere die Resultate der wettbewerbsstrategisch orientierten Analysen (z. B. bezüglich der Wettbewerber und der Branche) im Vordergrund.

Netzplan des Aufgabenkomplexes

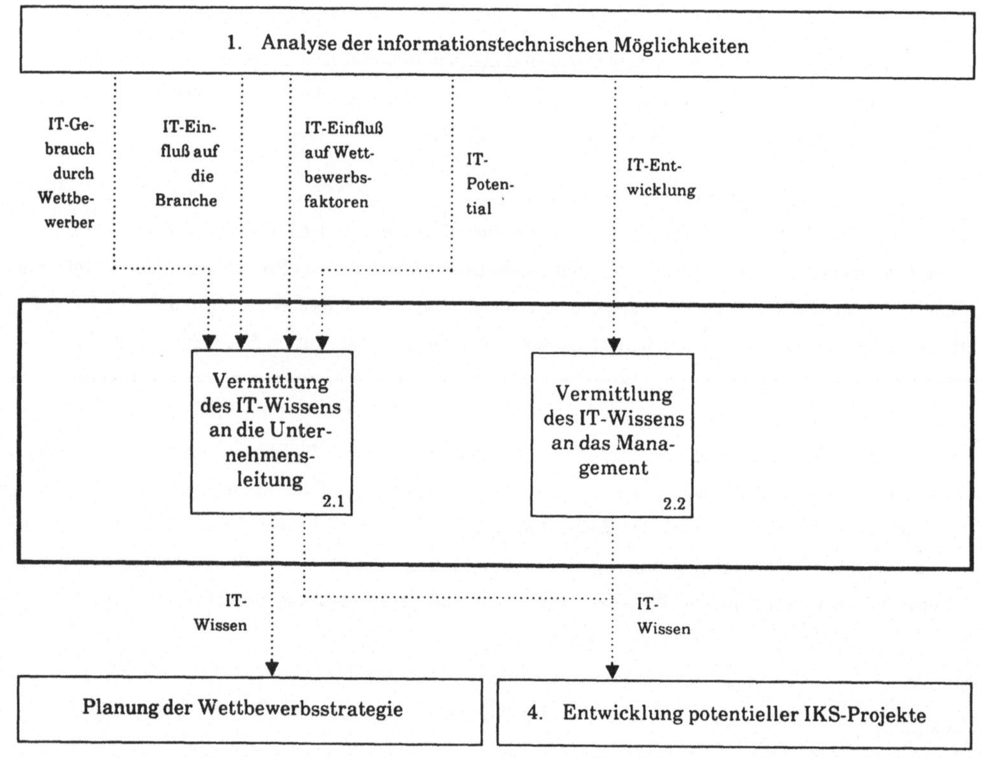

Abbildung 36: Netzplan des Aufgabenkomplexes "Verbreitung des informationstechnischen Wissens im Unternehmen"

Vermittlung des IT-Wissens an die Unternehmensleitung	Nr.: 2.1

Ziel

Transfer des Wissens über aktuelle und künftige informationstechnische Produkte und Dienstleistungen an die Unternehmensleitung

Beschreibung

Die Beteiligung der Unternehmensleitung ist bei jeder IKS-Planung notwendig, um die Unterstützung dieser Planung durch die Unternehmensspitze zu verdeutlichen. Dies hat zwei Gründe:

- Gerade wenn Informations- und Kommunikationssysteme für das Unternehmen strategischen Wert erlangen, ist die Meinungsführerschaft der Unternehmensleitung gefragt.
- Daβ das beteiligte Management durch die Unterstützung seitens der Unternehmensleitung den hohen Stellenwert der IKS-Planung erkennt, ist wesentliche Voraussetzung für den Planungserfolg. Gerade das Engagement der Unternehmensleitung fördert auch die Bereitschaft des Managements zur aktiven Teilnahme an der Planung von Informations- und Kommunikationssystemen /vgl. Doll 87, S. 27 ff./.

Die Unterstützung der IKS-Planung durch die Unternehmensleitung darf dem Management jedoch nicht nur als rein verbale Zustimmung (etwa durch Rundschreiben) erscheinen bzw. sich lediglich in der Bereitstellung finanzieller Mittel erschöpfen. Vielmehr ist es notwendig, die aktive Teilnahme der Unternehmensleitung an der IKS-Planung zu demonstrieren /vgl. Bronsema/Keen 83, S. 38 ff./.

Wenn der Informationsverarbeitung im Unternehmen eine strategische Rolle zukommt, muβ die Partizipation der Unternehmensleitung auch die Generierung von IKS-Projektvorschlägen beinhalten (4.3). Hierzu ist es zuerst notwendig, der Unternehmensleitung das von der F&E-Einheit erworbene informationstechnische Wissen zu vermitteln /vgl. Rockart 82, S. 8/. Dies kann innerhalb von Workshops geschehen, die eine Darstellung und Diskussion des IT-Gebrauchs durch die Wettbewerber (1.1), der Analysen des IT-Einflusses auf die Branche (1.3) und auf die Wettbewerbsfaktoren (1.4) sowie des IT-Potentials (1.7) umfassen. Dieses Wissen ist die Voraussetzung dafür, daß die Wettbewerbsstrategie des Unternehmens entsprechend der Entwicklung informationstechnischer Produkte und Dienstleistungen gestaltet werden kann.

Beteiligte

- Unternehmensleitung (bzw. Gremium der wettbewerbsstrategischen Planung)
- Die Vermittlung des IT-Wissens an die Unternehmensleitung erfolgt durch die F&E-Einheit bzw. den Leiter der IV-Funktion.

Vermittlung des IT-Wissens an die Unternehmensleitung	Nr.: 2.1

Beziehungen zu anderen Aufgaben

Beziehung zu		Art der Beziehung		
Aufgabe	Notation	Input-Lieferant	Output-Empfänger	wechselseitige Abstimmung
Analyse des IT-Gebrauchs durch Wettbewerber	1.1	☒		
Analyse des IT-Einflusses auf die Branche	1.3	☒		
Analyse des IT-Einflusses auf die Wettbewerbsfaktoren	1.4	☒		
Ableitung des IT-Potentials	1.7	☒		
Generierung von IKS-Projektvorschlägen durch die Unternehmensleitung	4.3		☒	

Dokumentation

- Protokolle der Workshops

Ziel

Transfer des Wissens über aktuelle und künftige informationstechnische Produkte und Dienstleistungen an das Management der Fachabteilungen

Beschreibung

Innerhalb der Verbreitung des informationstechnischen Wissens im Unternehmen wird das fachliche Know-how, welches durch die Analyse der informationstechnischen Entwicklung am Markt (1.2) erarbeitet wurde, dem Management gegenüber kommuniziert. Das hier vermittelte Wissen um Stand und Trends der Informationstechnik ist Voraussetzung für die Generierung von IKS-Projektvorschlägen innerhalb der Definition des IKS-Sollzustandes.

Die Wissensvermittlung selbst kann innerhalb von Informationsveranstaltungen wie Seminaren, Präsentationen oder Workshops erfolgen. Weiterhin ist eine ständige Informationsversorgung über Rundbriefe oder spezielle Reports, die aktuelle Trends, beispielhafte Systeme o. ä. beschreiben, denkbar. Eine weitere Möglichkeit ist die Aufbereitung anhand von Fallstudien, welche das IT-Wissen anhand von fiktiven oder realen Beispielen vermitteln. Weiterhin können Versuchsinstallationen in Erwägung gezogen werden, um wesentliche IT-Neuentwicklungen auf Funktionsfähigkeit und Einsatzmöglichkeiten hin zu untersuchen. Solche Pilotprojekte müssen in Zusammenarbeit zwischen der F&E-Einheit der IV-Funktion und der Fachabteilung durchgeführt werden, da nur auf diese Weise aussagefähige Folgeanalysen durchgeführt werden können. Diese Folgeanalysen müssen sich richten auf

- "technische Folgewirkungen, d. h. Auswirkungen auf die vorhandene technische Infrastruktur vor- und nachgelagerter Systeme;
- Wirtschaftlichkeit, d. h. Investitions- und Folgekosten des Betriebs;
- organisatorische Folgewirkungen, d. h. Auswirkungen auf die Aufbauorganisation sowie die derzeitigen internen Arbeitsabläufe, räumliche und zeitliche Randbedingungen;
- Folgewirkungen auf die die Technik einsetzenden Menschen, d. h. ergonomische Auswirkungen, Schulungsbedarf" /Martiny/Klotz 89, S. 101/.

Welche dieser Maßnahmen der Wissensvermittlung durchgeführt werden sollen, hängt vom Stand der Verbreitung des IT-Wissens im Unternehmen ab. In der Regel wird eine Kombination der aufgeführten Möglichkeiten sinnvoll sein.

Vermittlung des IT-Wissens an das Management	Nr.: 2.2

Die laufende IT-Wissensvermittlung bleibt eher auf einem fachbereichsbezogenen Niveau. Eine konkrete, d. h. personenbezogene Ausrichtung des informationstechnischen Wissens auf die Tätigkeitsfelder des Managements erfolgt erst innerhalb der Ideengenerierung (4.4) bei der Entwicklung potentieller IKS-Projekte.

Beteiligte

- F&E-Einheit
- Management der Fachabteilungen

Beziehungen zu anderen Aufgaben

Beziehung zu		Art der Beziehung		
Aufgabe	Notation	Input-Lieferant	Output-Empfänger	wechselseitige Abstimmung
Analyse der am Markt verfügbaren IT	1.2	☒		
Generierung von IKS-Projektvorschlägen durch das Management	4.4		☒	

Dokumentation

- Protokolle der durchgeführten IT-Wissensvermittlungsmaßnahmen

Stellung im IKS-Planungsprozeß

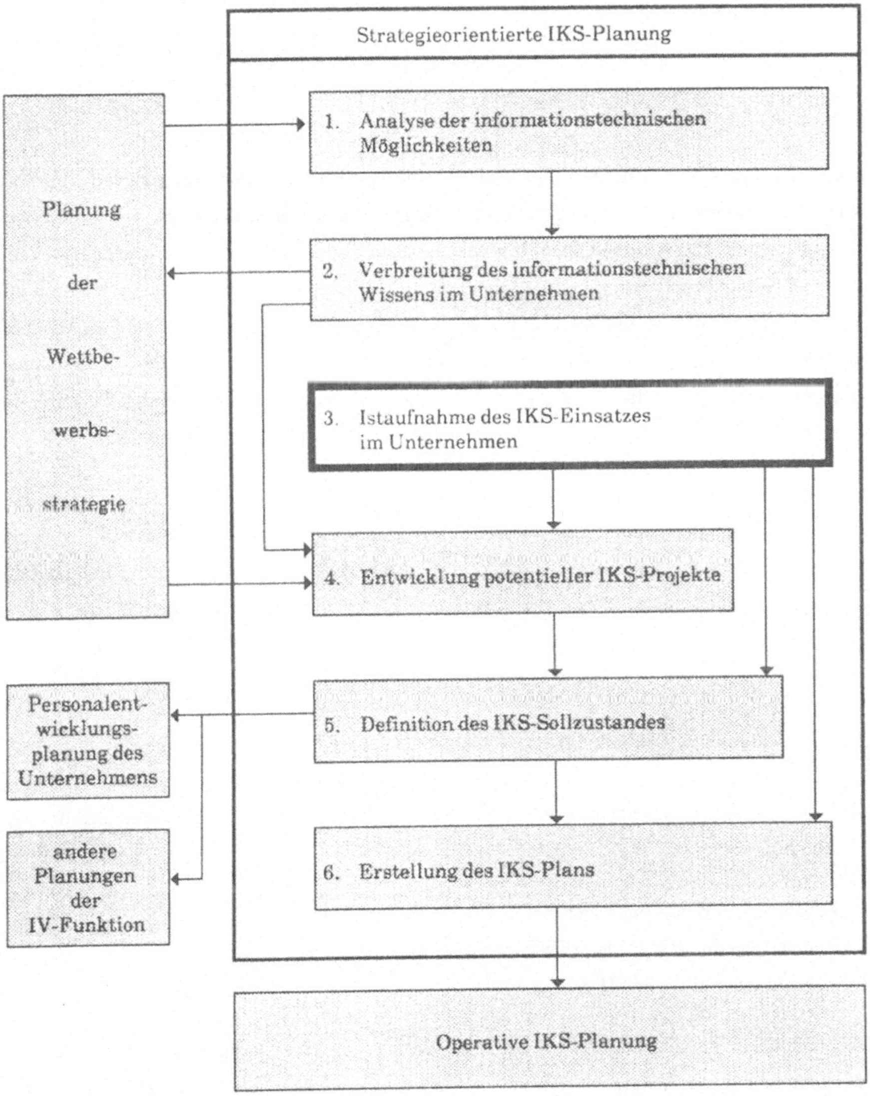

Strategieorientierte IKS-Planung

Planung der Wettbewerbsstrategie

1. Analyse der informationstechnischen Möglichkeiten

2. Verbreitung des informationstechnischen Wissens im Unternehmen

3. Istaufnahme des IKS-Einsatzes im Unternehmen

4. Entwicklung potentieller IKS-Projekte

5. Definition des IKS-Sollzustandes

6. Erstellung des IKS-Plans

Personalentwicklungsplanung des Unternehmens

andere Planungen der IV-Funktion

Operative IKS-Planung

Abbildung 37: Einordnung des Aufgabenkomplexes "Istaufnahme des IKS-Einsatzes im Unternehmen" innerhalb der IKS-Planung

Ziel

Beschreibung der im Unternehmen aktuell eingesetzten Informations- und Kommunikationssysteme sowie der laufenden IKS-Projekte

Beschreibung

Die Ermittlung eines IKS-Sollzustandes kann nur auf der Kenntnis der vorhandenen Informations- und Kommunikationssysteme, ihrer Schwachstellen sowie der IKS-Entwicklungstendenzen beruhen. Um einen solchen Einblick zu erlangen, muß der Istzustand der im Unternehmen eingesetzten Informations- und Kommunikationssysteme analysiert werden. Eine derartige Erhebung hat sich auf alle Elemente von Informations- und Kommunikationssystemen zu beziehen. Somit sind die eingesetzten Informationstechniken in Beziehung zu den sie nutzenden Organisationseinheiten, zu den Aufgaben, die sie unterstützen und zu den Schwachstellen, die sie aus Sicht der anwendenden Fachabteilungen haben, zu setzen.

Die Aufnahme des gesamten IKS-Umfanges ist als Inventur eines Großteils der informationellen Ressourcen des Unternehmens eigentlich eine ständige Aufgabe, da eine derartige Zusammenstellung alle Linienbereiche der IV-Funktion in ihrer Arbeit unterstützt. Gleichwohl liegt in der Praxis ein die einzelnen Aspekte integrierendes Verzeichnis nur selten vor, obwohl Erstellung und Wartung durch ein rechnergestütztes Data Dictionary effizient durchgeführt werden können.

Aufgaben

Die Istaufnahme der Informations- und Kommunikationssysteme des Unternehmens umfaßt drei wesentliche Aufgaben:

3.1 Erhebung des derzeitigen IKS-Einsatzes,

3.2 Beurteilung des derzeitigen IKS-Einsatzes,

3.3 Erhebung der aktuellen IKS-Projekte.

Die Istaufnahme des derzeitigen IKS-Einsatzes ermöglicht eine Analyse der Schwachstellen, die innerhalb der Definition des IKS-Sollzustandes als Anstoß für die Generierung von IKS-Projektvorschlägen (4.3 und 4.4) dienen. Mit der Erhebung der aktuellen IKS-Projekte werden die Entwicklungstendenzen des IKS-Einsatzes im Unternehmen untersucht.

Istaufnahme des IKS-Einsatzes im Unternehmen — Nr.: 3

Die Ergebnisse der Erhebungen werden innerhalb der Definition des IKS-Sollzustandes zur Erstellung der Informationsarchitektur verwendet. Da diese eine wichtige Grundlage für die Generierung von IKS-Projektvorschlägen sowie für die Erarbeitung des IKS-Projektportfolios ist, kommt einer exakten und umfassenden Istaufnahme des IKS-Einsatzes wesentliche Bedeutung für den Erfolg der IKS-Planung zu.

Netzplan des Aufgabenkomplexes

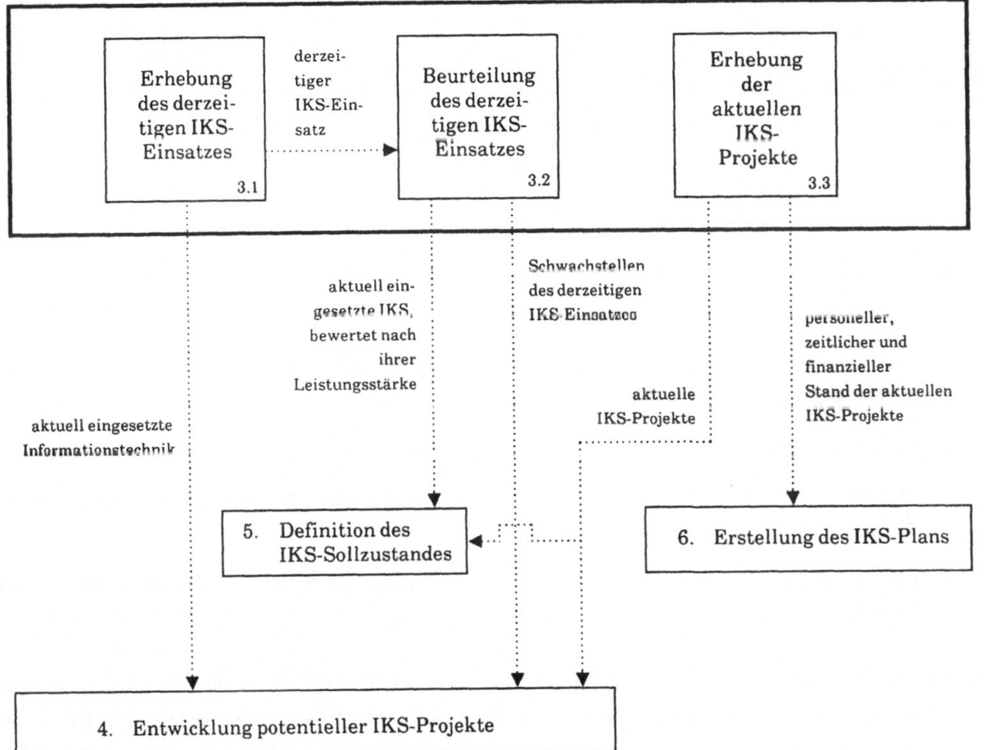

Abbildung 38: Netzplan des Aufgabenkomplexes "Istaufnahme des IKS-Einsatzes im Unternehmen"

Erhebung des derzeitigen IKS-Einsatzes	**Nr.: 3.1**

Ziel

Erfassung und Beschreibung aller im Unternehmen aktuell eingesetzten Informations- und Kommunikationssysteme

Beschreibung

Die Erhebung des derzeitigen IKS-Einsatzes erstreckt sich auf die im Unternehmen vorhandenen Anwendungssysteme einerseits und auf die im Einsatz befindlichen informationstechnischen Geräte sowie die eingesetzte systemnahe Software (technischer Status) andererseits. Dieser aktuelle IKS-Einsatz im Unternehmen wird anschließend zur Ermittlung von Schwachstellen durch die Nutzer in den Fachabteilungen beurteilt (3.2).

Die Erhebung der einzelnen Anwendungssysteme hat einem einheitlichen Schema zu folgen, das folgende Aspekte abdecken kann /nach Tozer 88, S. 179 f./:

- Funktionen des Systems (z. B. funktionaler Umfang, Umfeld des Systems, erwarteter und realisierter Nutzen des Systems),
- Operationalität des Systems (z. B. Fehlerhäufigkeit, Antwortzeiten, Datenqualität, Bedienungsoberfläche),
- organisatorische Einbettung des Systems (z. B. das System nutzende Organisationseinheiten, Unterstützung durch Personal der IV-Funktion, Nutzergruppen),
- Bedeutung des Systems (z. B. Auswirkungen von Systemausfällen, Sicherheitsanforderungen),
- Programmqualität (z. B. verwendete Programmiersprache, Dokumentation, Integrationsgrad der Anwendung),
- Informationstechnischer Zusammenhang (z. B. Hardware, verwendete Dateien bzw. verwendetes Datenbanksystem).

Auch die Analyse des technischen Status hat anhand eines einheitlichen Schemas zu erfolgen. Aufzunehmen sind die im Unternehmen eingesetzte informationstechnische Ausrüstung (DV, NT, BT) sowie die systemnahe Software nach Komponenten, Lokalität, Programmen, Leistung etc. /vgl. Tozer 88, S. 182/.

Für die spätere Konstruktion der Informationsarchitektur (4.2) sind hinsichtlich der Anwendungssysteme zumindest Aussagen über die Funktionalität und die informationstechnischen Zusammenhänge notwendig. Für den technischen Status sind Angaben über die Komponenten der eingesetzten Informationstechnik erforderlich.

Erhebung des derzeitigen IKS-Einsatzes	Nr.: 3.1

Beteiligte

- Projektteam
- Personal der IV-Funktion
- Management der Fachabteilungen

Beziehungen zu anderen Aufgaben

Beziehung zu		Art der Beziehung		
Aufgabe	Notation	Input-Lieferant	Output-Empfänger	wechselseitige Abstimmung
Beurteilung des derzeitigen IKS-Einsatzes	3.2		☒	
Erstellung der Informationsarchitektur	4.2		☒	
Bewertung der IKS-Projektvorschläge und der laufenden IKS-Projekte	5.1		☒	

Dokumentation

- Beschreibung der einzelnen Anwendungssysteme
- Beschreibung der eingesetzten Hardware und der systemnahen Software

Ziel

Beurteilung der Leistungsfähigkeit und Ermittlung von Schwachstellen der aktuell eingesetzten Informations- und Kommunikationssysteme

Beschreibung

Die Beurteilung des derzeitigen IKS-Einsatzes durch die Nutzer in den Fachabteilungen liefert diejenigen Schwachstellen, die innerhalb der Entwicklung potentieller IKS-Projekte Grundlage der Generierung von Ideen für künftige Informations- und Kommunikationssysteme bilden (4.3 und 4.4). Ferner bildet die hier vorgenommene Bewertung die Grundlage für die Einordnung der aktuell eingesetzten Informations- und Kommunikationssysteme in die Matrix des IKS-Istportfolios (5.4).

Auch die Beurteilung hat einem festen Kriterienkatalog zu folgen, wobei die einzelnen Ausprägungen als Gesamtheit die Leistungsstärke des jeweiligen Informations- und Kommunikationssystems widerspiegeln. Die Einschätzung der IKS-Leistungsstärke erfolgt nach den vorgeschlagenen technikbezogenen, personellen und organisatorischen Aspekten. Für die Durchführung der Bewertung ist es sinnvoll, die o. g. Kriterien für die Leistungsstärke (s. Abschnitt 2.3.4) eines Informations- und Kommunikationssystems zu detaillieren. So könnte z. B. das Kriterium "Produktivität" beschrieben werden durch die Subkriterien /vgl. Hill u. a. 76, S. 163; Grochla 82, S. 93; Mertens u. a. 86, S. 112)

- Routinisierungsgrad (eventuell mechanisch/elektronisch) von Input-, Transformations- und Outputprozessen,
- Koordinationsaufwand,
- Auslastung der Kapazitäten (d. h. Engpässe bzw. Leerkapazitäten),
- wirtschaftlicher Einsatz der Ressourcen,
- redundante oder fehlerhafte Aufgabenbearbeitung bzw. Durchführung überflüssiger Aufgaben,
- redundante Datenhaltung,
- Effizienz der Entscheidungsprozesse,
- Effizienz der Kommunikation,
- Vorgangsbearbeitungs- und Transportzeiten,
- Transparenz und Kontrollierbarkeit der Unternehmung.

Wird diesen einzelnen Subkriterien unterschiedliche Bedeutung zugemessen, so müssen sie vor einer Bewertung gewichtet werden. Für die Bewertung selbst können einfache Scoring-Modelle oder umfangreichere Nutzwertanalysen verwendet werden.

Beurteilung des derzeitigen IKS-Einsatzes	Nr.: 3.2

Anhand der Bewertungen der einzelnen gewichteten Kriterien ergibt sich ein Gesamtprofil der Leistungsstärke eines Informations- und Kommunikationssystems.

Die Beurteilung der wettbewerbsstrategischen Bedeutung des derzeitigen IKS-Einsatzes erfolgt zusammen mit der Bewertung der IKS-Projektvorschläge und der laufenden IKS-Projekte (5.1).

Beteiligte

- Projektteam
- Gremium der wettbewerbsstrategischen Planung
- Management der Fachabteilungen
- sonstige Nutzer der Fachabteilungen

Beziehungen zu anderen Aufgaben

Beziehung zu		Art der Beziehung		
Aufgabe	Notation	Input-Lieferant	Output-Empfänger	wechselseitige Abstimmung
Erhebung des derzeitigen IKS-Einsatzes	3.1	☒		
Generierung von IKS-Projektvorschlägen durch die Unternehmensleitung	4.3		☒	
Generierung von IKS-Projektvorschlägen durch das Management	4.4		☒	
Erstellung des IKS-Istportfolios	5.4		☒	

Dokumentation

- Beurteilung jedes aktuell eingesetzten Informations- und Kommunikationssystems als Bewertung seiner organisatorischen, personellen und technischen Auswirkungen

Erhebung der aktuellen IKS-Projekte	Nr.: 3.3

Ziel

Erfassung und Beschreibung der im Unternehmen aktuell durchgeführten IKS-Projekte

Beschreibung

Die IKS-Entwicklungstendenzen werden durch die Aufnahme der laufenden IKS-Projekte ermittelt. Die Erhebung der aktuellen IKS-Projekte muß sich aus Gründen der Vergleichbarkeit an derselben Systematik orientieren, die bei der Erhebung des derzeitigen IKS-Einsatzes verwendet wird. Weite Teile der dort aufgeführten Aspekte müßten zudem in den Projektanträgen enthalten sein.

Daneben muß der aktuelle Stand eines jeden Projektes dokumentiert werden. Dies ist notwendig, um die durch das Projekt gebundenen personellen und finanziellen Ressourcen ebenso wie den weiteren zeitlichen Verlauf des Projekts innerhalb der entsprechenden IKS-Grobplanung (6.2 - 6.4) berücksichtigen zu können.

Die aktuellen IKS-Projekte gehen einerseits in die Informationsarchitektur (4.2) ein, andererseits werden auch sie in das IKS-Istportfolio eingeordnet (5.2). Hierzu werden sie vorher (5.1) hinsichtlich ihrer Leistungsstärke und ihrer wettbewerbsstrategischen Bedeutung beurteilt.

Beteiligte

- Projekteam
- IV-Personal
- Management der Fachabteilungen

Beziehungen zu anderen Aufgaben

Beziehung zu		Art der Beziehung		
Aufgabe	Notation	Input-Lieferant	Output-Empfänger	wechselseitige Abstimmung
Erstellung der Informationsarchitektur	4.2		☒	
Bewertung der IKS-Projektvorschläge und der laufenden IKS-Projekte	5.1		☒	
Analyse der Abhängigkeiten	5.2		☒	
Festlegung der Verantwortlichkeiten	6.2		☒	
Aufstellung des Terminplans	6.3		☒	
Festlegung des Budgets	6.4		☒	

Dokumentation

- Beschreibung der laufenden IKS-Projekte
- Projektstand nach personellen, finanziellen und zeitlichen Aspekten

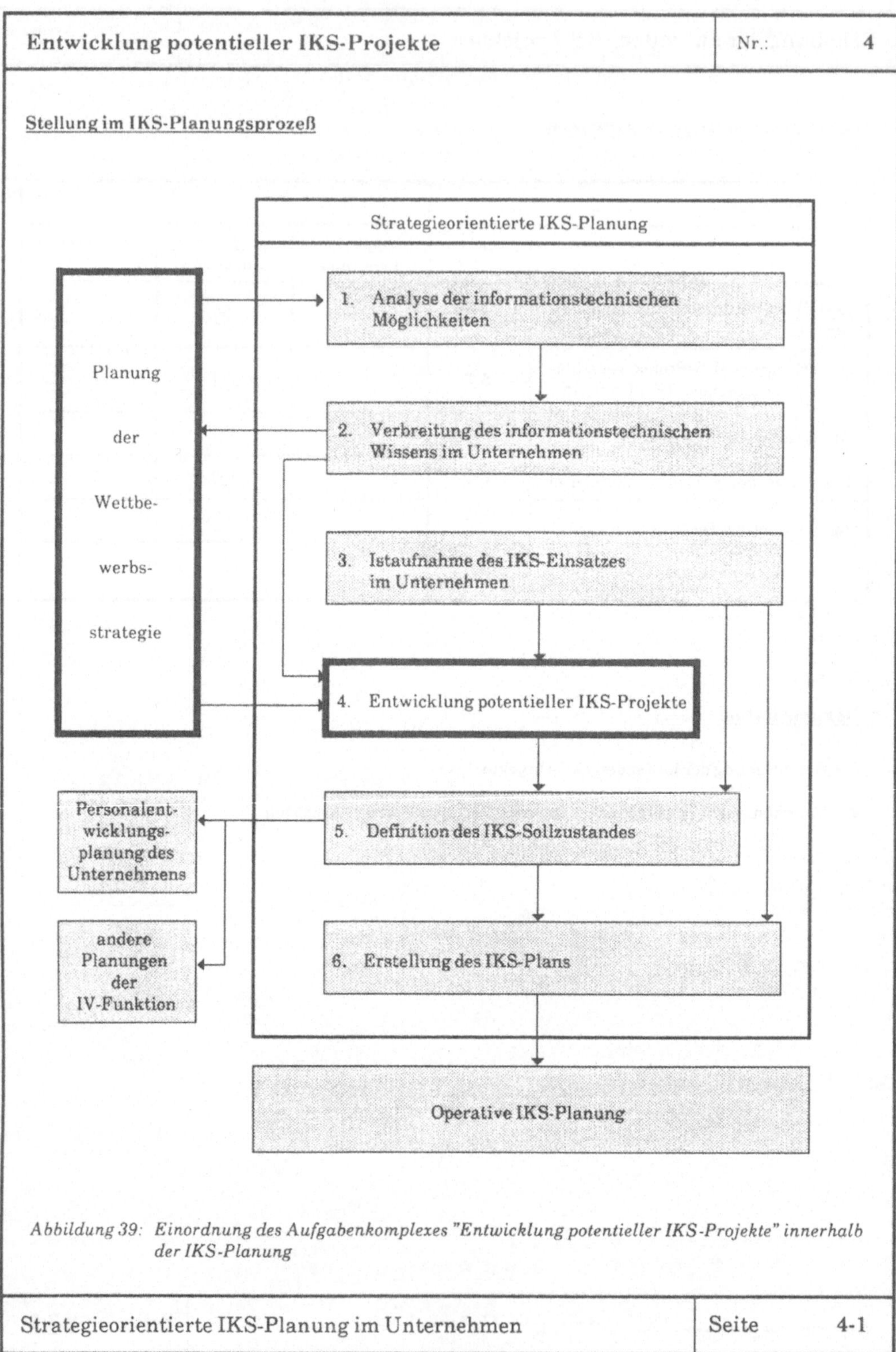

Abbildung 39: Einordnung des Aufgabenkomplexes "Entwicklung potentieller IKS-Projekte" innerhalb der IKS-Planung

Strategieorientierte IKS-Planung im Unternehmen | Seite 4-1

Ziel

Unternehmensweite Generierung von Vorschlägen für potentielle IKS-Projekte

Beschreibung

Innerhalb der Entwicklung potentieller IKS-Projekte findet eine weitere wesentliche Kopplung der IKS-Planung an die wettbewerbsstrategische Planung des Unternehmens statt. Dadurch wird sichergestellt, daβ die in diesem Aufgabenkomplex generierten IKS-Projektvorschläge die strategierelevanten IKS-Einsatzfelder des Unternehmens abdecken. Somit bildet die Entwicklung potentieller IKS-Projekte die Voraussetzung für die Erzielung des Nutzens, der durch Einsatz strategiegerechter IKS-Anwendungen entsteht.

Während ein quantitativer Nutzen für umfassende IKS-Projekte wegen der Zurechnungsproblematik schwierig zu bestimmen ist /vgl. Pietsch/Klotz 89, S. 177 ff./, liegen für den qualitativen Nutzen umfangreiche Erfahrungen aus realisierten IKS-Anwendungen vor. Hierbei läβt sich feststellen, daβ Informations- und Kommunikationssysteme insbesondere zur Unterstützung einer Differenzierungsstrategie herangezogen werden, vgl. Abbildung 41.

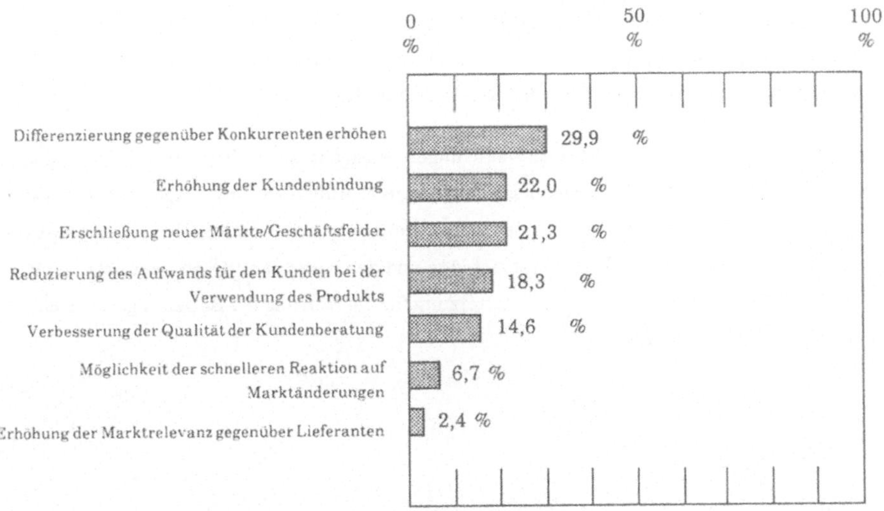

Abbildung 40: Qualitativer Nutzen beim strategiegerechten IKS-Einsatz; Bezugsbasis: 164 untersuchte IKS /nach Schumann/Hohe 88, S. 517/

Welche dieser Nutzeneffekte im Einzelfall realisiert werden, muß von der Wettbewerbsstrategie und den kritischen Erfolgsfaktoren des Unternehmens abhängen. Diesen Zusammenhang erkannt zu haben, kann man als das "Geheimnis" erfolgreicher Unternehmen bezeichnen /vgl. Meyer-Piening 88, S. 18 f./.

Aufgaben

Den wesentlichen Anstoß erhält die Entwicklung potentieller IKS-Projekte durch die aus der Planung der Wettbewerbsstrategie resultierenden Aussagen zu den wettbewerbsrelevanten Aktivitäten des Unternehmens. Für sämtliche innerhalb der wettbewerbsstrategischen Planung definierten Aktivitäten des Unternehmens werden die kritischen Erfolgsfaktoren sowie deren Indikatoren ermittelt. Die Ergebnisse gehen gemeinsam mit den Analysen des IKS-Einsatzes im Unternehmen in die Erstellung der Informationsarchitektur ein. Mit deren Hilfe werden dann innerhalb eines Abgleichs zwischen dem aktuellen und künftigen IKS-Einsatz im Unternehmen und den damit verbundenen Schwachstellen Vorschläge für IKS-Projekte generiert. Träger der Ideengenerierung sind die Unternehmensleitung und das Management.

Somit sind für die Entwicklung potentieller IKS-Projekte folgende Aufgaben durchzuführen:

4.1 Ermittlung der kritischen Erfolgsfaktoren,

4.2 Erstellung der Informationsarchitektur,

4.3 Generierung von IKS-Projektvorschlägen durch die Unternehmensleitung,

4.4 Generierung von IKS-Projektvorschlägen durch das Management.

Aus dem generierten Pool an IKS-Projektvorschlägen wird das zu realisierende IKS-Zielportfolio erarbeitet. Hierbei sind auch die Ergebnisse der anderen Aufgaben Grundlage: Die analysierten kritischen Erfolgsfaktoren gehen in die Kriterien für die Bewertung der aktuellen Informations- und Kommunikationssysteme, der IKS-Projektvorschläge und der laufenden IKS-Projekte ein. Weiterhin ist die erstellte Informationsarchitektur Voraussetzung für die Klärung der Beziehungen zwischen den einzelnen IKS-Projektvorschlägen.

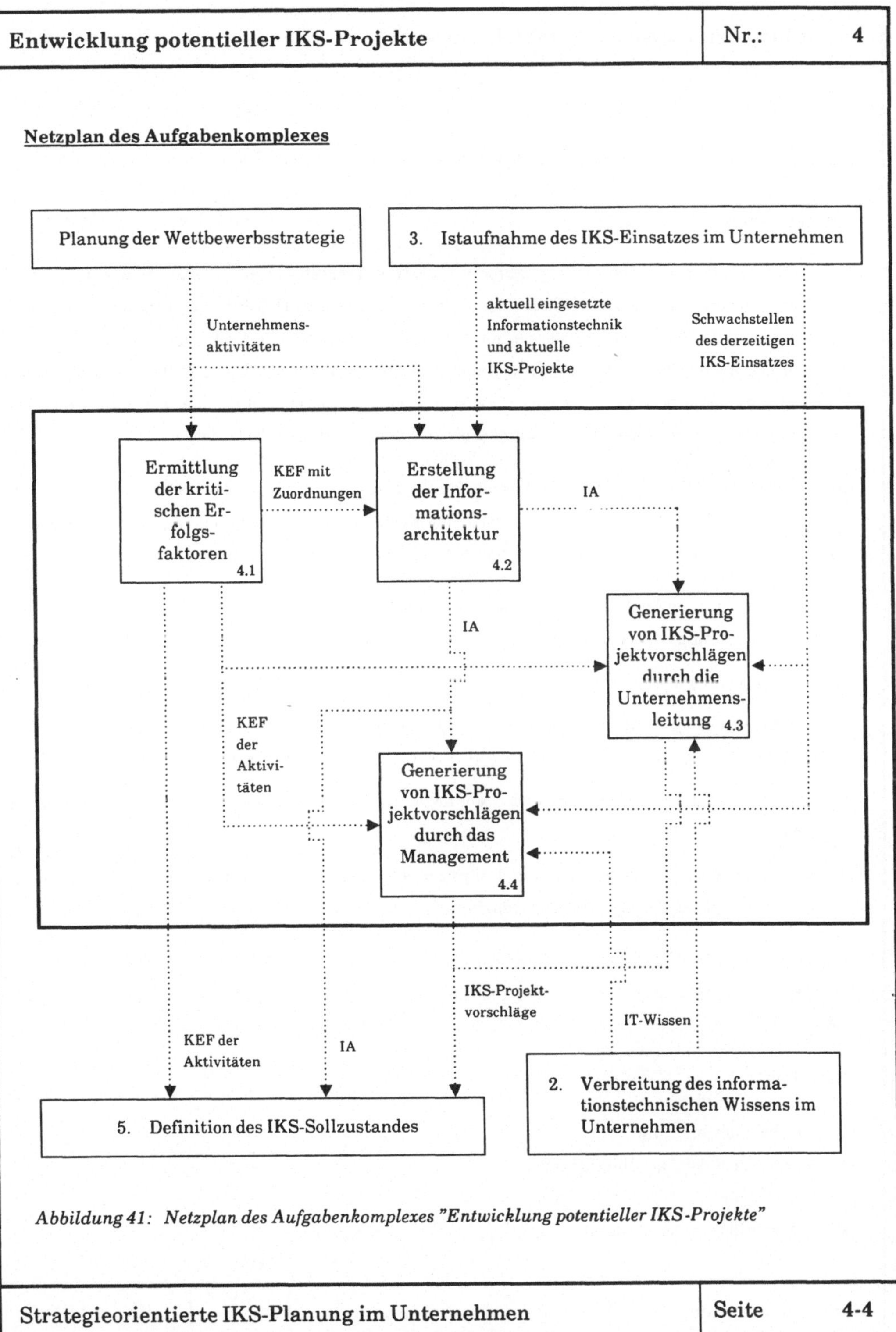

Abbildung 41: Netzplan des Aufgabenkomplexes "Entwicklung potentieller IKS-Projekte"

Ermittlung der kritischen Erfolgsfaktoren	Nr.: 4.1

Ziel

Ableitung des Informationsbedarfs für die wettbewerbsrelevanten Aktivitäten

Beschreibung

Die Ermittlung der kritischen Erfolgsfaktoren je wettbewerbsrelevanter Unternehmensaktivität ist die Voraussetzung dafür, daß zur Unterstützung dieser Aktivitäten IKS-Projektvorschläge entwickelt werden. Durch die KEF-Analyse werden diejenigen Faktoren analysiert, die zur verbesserten Ausführung der Aktivitäten beitragen. Dies kann entweder eine höhere Effizienz in der Aktivitätendurchführung oder eine Unterstützung der zwischen den Aktivitäten bestehenden Verbindungen (also eine Optimierung oder bessere Koordination zwischen den Aktivitäten) bedeuten.

Auf der Basis der kritischen Erfolgsfaktoren erfolgt eine Analyse der jeweiligen KEF-Indikatoren und darauf aufbauend die Ableitung des Informationsbedarfs sowie die Zuordnung von (bestehenden und potentiellen) Informationsquellen /vgl. Henderson/Sifonis 88, S. 189/.

Die Durchführung der Analysen kann je nach verwendeter Analysetechnik in Workshops, Einzel- oder Gruppeninterviews bzw. einer Kombination dieser Möglichkeiten erfolgen. Die KEF-Analyse beinhaltet:

- Interviews mit Unternehmensleitung und Management zur Identifikation potentieller kritischer Erfolgsfaktoren;
- einen Workshop zur Verdichtung und Erzielung einer Übereinstimmung über die jeweils gültigen KEF;
- Interviews mit dem Management zur Definition der für die einzelnen KEF gültigen Indikatoren und zur Ableitung des Informationsbedarfs aus den Indikatoren.

Für den Erfolg des Workshops kommt es entscheidend auf die Qualifikation des Moderators an, der über Schulungs- und Beratungserfahrung sowie wissenschaftliche Fähigkeiten verfügen sollte /vgl. Bronsema/Keen 83, S. 41/.

Beteiligte

- Unternehmensleitung
- Management der Fachabteilungen
- Projektteam
- externer Berater als Moderator

Beziehungen zu anderen Aufgaben

Beziehung zu		Art der Beziehung		
Aufgabe	Notation	Input-Lieferant	Output-Empfänger	wechselseitige Abstimmung
Erstellung der Informationsarchitektur	4.2		☒	
Generierung von IKS-Projektvorschlägen durch die Unternehmensleitung	4.3		☒	
Generierung von IKS-Projektvorschlägen durch das Management	4.4		☒	
Bewertung der IKS-Projektvorschläge und der laufenden IKS-Projekte	5.1		☒	

Dokumentation

- Protokolle der Interviews und Workshops zur KEF-Analyse
- Aufstellungen der kritischen Erfolgsfaktoren je wettbewerbsrelevanter Aktivität
- Dokumentation des hierarchischen Gefüges der kritischen Erfolgsfaktoren
- Zuordnung von Aktivitäten, Organisationseinheiten, kritischen Erfolgsfaktoren, Indikatoren und Informationsquellen

Erstellung der Informationsarchitektur	**Nr.: 4.2**

Ziel

Erstellung einer Informationsarchitektur als Modell der Zusammenhänge zwischen verschiedenen informationellen Ressourcen des Unternehmens

Beschreibung

Die Hauptaufgabe einer Informationsarchitektur ist es, die verschiedenen IA-Elemente so zueinander in Beziehung zu setzen, daß eine integrative IKS-Planung ermöglicht wird.

Als Elemente der Informationsarchitektur sind zu betrachten:

- die Aktivitäten und
- die Organisationseinheiten des Unternehmens (resultierend aus 4.1),
- die zu Datenklassen zusammengefaßten Daten des Unternehmens,
- die kritischen Erfolgsfaktoren der einzelnen Unternehmensaktivitäten (resultierend aus 4.1),
- die im Unternehmen aktuell oder demnächst verfügbare Informationstechnik (resultierend aus 3.1. und 3.3).

Die Erhebung der im Unternehmen verwendeten Datenklassen ist ständige Aufgabe eines IV-Bereichs "Datenadministration", vgl. Abbildung 28, der u. a. mit der Erstellung und Pflege eines Unternehmensdatenmodells (UDM) befaßt ist. Ein solches Modell verfolgt im Gegensatz zu einer anwendungsspezifischen Datenstrukturierung das Ziel der Realisierung einer alle Aktivitäten des Unternehmens umfassenden Datenarchitektur. Das UDM bildet somit unternehmensspezifisch die sachlogischen Datenstrukturen ab, welche als "Schnittstellen zwischen dem Fachwissen und einer erforderlichen Formalisierung zur informationstechnischen Weiterverarbeitung" /Scheer 88, S. 1111/ zu betrachten sind. In diesem Sinne ist das Unternehmensdatenmodell ein "Lastenheft für die Strukturierung von Datenbanken, Abfragemechanismen, Zugriffsorganisation, usw." /Eiff 89, S. 74/.

Fehlt ein solches Datenmanagement im Unternehmen, wäre das Vorgehensmodell der strategieorientierten IKS-Planung um die Aufgabe der Erhebung der im Unternehmen verwendeten Daten bzw. Datenklassen zu erweitern.

Beteiligte

- Projektteam
- Management der Fachabteilungen

Beziehungen zu anderen Aufgaben

Beziehung zu		Art der Beziehung		
Aufgabe	Notation	Input-Lieferant	Output-Empfänger	wechselseitige Abstimmung
Erhebung des derzeitigen IKS-Einsatzes	3.1	☒		
Erhebung der aktuellen IKS-Projekte	3.3	☒		
Analyse der kritischen Erfolgsfaktoren	4.1	☒		
Generierung von IKS-Projektvorschlägen durch die Unternehmensleitung	4.3		☒	
Generierung von IKS-Projektvorschlägen durch das Management	4.4		☒	
Analyse der Abhängigkeiten	5.2		☒	

Dokumentation

- Darstellung der Informationsarchitektur des Unternehmens anhand von Listen, hierarchischen Übersichten, Matrizen u. ä.

Ziel

Bildung eines Pools potentieller IKS-Projekte

Beschreibung

Um zu realistischen Vorschlägen für IKS-Projekte zu gelangen, muß das Wissen um Stand und Trends der informationstechnischen Entwicklung auf das Tätigkeitsfeld, d. h. die Arbeits- und Entscheidungssituation, der Zielgruppen bezogen werden. Für die Unternehmensleitung bedeutet dies einen Rückgriff auf das (in 2.1 vermittelte) Wissen um:

- IT-Gebrauch durch Wettbewerber,
- Einfluß der Informationstechnik auf Wettbewerbsfaktoren,
- Einfluß der Informationstechnik auf Branche und,
- IT-Potential für das Unternehmensgeschäft.

Hierdurch sowie durch das Hinzuziehen der kritischen Erfolgsfaktoren des Unternehmens (ermittelt in 4.1) werden die Mitglieder der Unternehmensleitung in die Lage versetzt, die IT-spezifischen Kenntnisse (erworben in 2.1) auf ihr Wissen über die Wettbewerbsstrategie des Unternehmens zu projezieren und Vorschläge für strategierelevante Informations- und Kommunikationssysteme zu entwickeln.

Die von der Unternehmensleitung generierten Vorschläge gehen gemeinsam mit den Vorschlägen des Managements in die Definition des IKS-Sollzustandes (5) ein.

Beteiligte

- Unternehmensleitung bzw. Gremium der wettbewerbsstrategischen Planung
- Die Generierung von IKS-Projektvorschlägen durch die Unternehmensleitung kann innerhalb eines Workshops erfolgen, an dem auch der Leiter der IV-Funktion, der Leiter des übergreifenden Analyseteams, Vertreter des Abstimmungs- und Entscheidungsgremiums und eventuell externe Berater teilnehmen sollten.

Generierung von IKS-Projektvorschlägen durch die Unternehmensleitung	Nr.: 4.3

Beziehungen zu anderen Aufgaben

Beziehung zu		Art der Beziehung		
Aufgabe	Notation	Input-Lieferant	Output-Empfänger	wechselseitige Abstimmung
Vermittlung des IT-Wissens an die Unternehmensleitung	2.1	☒		
Beurteilung des derzeitgen IKS-Einsatzes	3.2	☒		
Ermittlung der kritischen Erfolgsfaktoren	4.1	☒		
Erstellung der Informationsarchitektur	4.2	☒		
Bewertung der IKS-Projektvorschläge und der laufenden IKS-Projekte	5.1		☒	
Analyse der Abhängigkeiten	5.2		☒	

Dokumentation

- Protokolle des Workshops
- Vorschläge für IKS-Projekte

Generierung von IKS-Projektvorschlägen durch das Management	Nr.: 4.4

Ziel

Bildung eines Pools potentieller IKS-Projekte

Beschreibung

Während bei der Beteiligung der Unternehmensleitung an der IKS-Planung eine gesamtunternehmensbezogene Sichtweise vorherrscht, ist beim Management für den Prozeβ der Ideengenerierung eine konkrete aufgabenbezogene Sichtweise erforderlich. Diese wird über die Verwendung der kritischen Erfolgsfaktoren erreicht. Die Generierung von Ideen für IKS-Projektvorschläge erfolgt aus der Verbindung des allgemeinen informationstechnischen Wissens (erworben in 2.2) mit denjenigen kritischen Erfolgsfakotren (ermittelt in 4.1), deren Erreichung das jeweilige Management verantwortet bzw. beeinfluβt.

Die vom Management wie die von der Unternehmensleitung generierten Ideen bleiben zu diesem Zeitpunkt noch eher vage in Hinsicht auf eine Abschätzung ihrer Leistungsstärke und ihres wettbewerbsstrategischen Wertes. Eine diesbezügliche Konkretisierung erfolgt bei der anschlieβenden Definition des IKS-Sollzustandes (5). Innerhalb von Workshops wird jedoch grob festgehalten, welche Leistungskriterien bzw. welche kritischen Erfolgsfaktoren von einem vorgeschlagenen Informations- und Kommunikationssystem in welcher Weise erfüllt bzw. unterstützt werden.

Für die erfolgreiche Durchführung des Workshops kommt es auch an dieser Stelle wieder auf die Qualifikation des Moderators an.

Beteiligte

- Management der Fachabteilungen
- Mitglieder des Projektteams als Moderatoren

Beziehungen zu anderen Aufgaben

Beziehung zu		Art der Beziehung		
Aufgabe	Notation	Input-Lieferant	Output-Empfänger	wechselseitige Abstimmung
Vermittlung des IT-Wissens an das Management	2.2	☒		
Beurteilung des derzeitigen IKS-Einsatzes	3.2	☒		
Ermittlung der kritischen Erfolgsfaktoren	4.1	☒		
Erstellung der Informationsarchitektur	4.2	☒		
Bewertung der IKS-Projektvorschläge und der laufenden IKS-Projekte	5.1		☒	
Analyse der Abhängigkeiten	5.2		☒	

Dokumentation

- Protokolle der Workshops
- Beschreibungen der einzelnen Ideen für IKS-Projekte

Definition des IKS-Sollzustandes | Nr.: 5

Stellung im IKS-Planungsprozeß

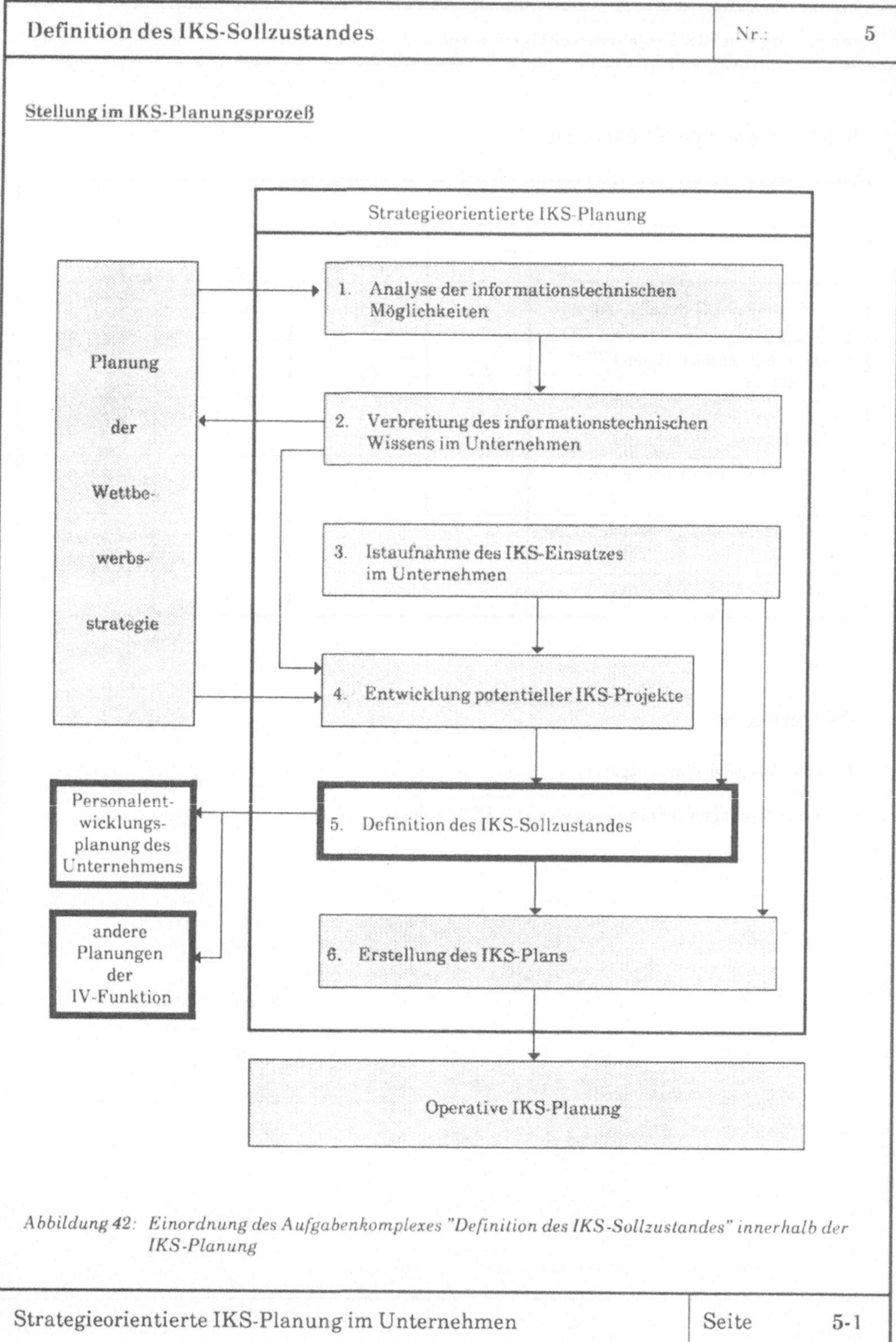

Abbildung 42: Einordnung des Aufgabenkomplexes "Definition des IKS-Sollzustandes" innerhalb der IKS-Planung

Ziel

Auswahl der zu realisierenden IKS-Projekte bzw. -Projektgruppen

Beschreibung

Da die verschiedenen IKS-Projektvorschläge sowohl im Verhältnis zu sonstigen Projektanträgen als auch untereinander um knappe Mittel finanzieller und personeller Art konkurrieren, muß als Auswahl aus dem gesamten Pool der Projektvorschläge das zu realisierende IKS-Zielportfolio ermittelt werden. Dieser Schritt erfolgt innerhalb der Definition des IKS-Sollzustandes (für das Verhältnis zu sonstigen Projektvorschlägen wird hier davon ausgegangen, daß der IV-Funktion ein Budget in definierter Höhe zur Verfügung steht; der vorgelagerte Verteilungsprozeß wird hier also nicht betrachtet).

Gemäß dem gewählten Vorgehensmodell muß für die Aufnahme der einzelnen vorgeschlagenen IKS-Projekte bzw. -Projektgruppen in das zu realisierende IKS-Zielportfolio der jeweilige strategische Wert entscheidend sein. Dies kann allerdings nicht der allein ausschlaggebende Faktor sein. Innerhalb einer IKS Planung sind ferner die organisatorischen, technischen und personellen Abhängigkeiten, die zwischen den einzelnen IKS-Projekten bestehen, zu berücksichtigen.

Die technischen Abhängigkeiten fallen dann weniger ins Gewicht, wenn die informationstechnische Infrastruktur im Unternehmen bereits vollständig ausgebaut und auf dem neuesten technischen Stand ist. Dagegen dürften in der Zukunft organisatorische Abhängigkeiten eine immer größere Rolle spielen, wenn es darum geht, neue Informations- und Kommunikationssysteme in eine bestehende, die gesamte Unternehmung umfassende Rechnerunterstützung zu integrieren. Verschärft wird diese Problematik zudem durch die sich für das kommende Jahrzehnt abzeichnende Herausforderung einer grundlegenden Reorganisation des betrieblichen Stellengefüges. Dieser organisatorische Wandel läßt sich durch die Abkehr von der funktionalen Unternehmensorganisation und der Schaffung kleiner, autonomer, objektorientierter Einheiten kennzeichnen /vgl. Bleicher 86, S. 99; Sauerbrey 87, S. 301/. Hieraus folgt für die weitere Entwicklung der strategieorientierten IKS-Planung eine stärkere Bindung an die Planung der Aufbauorganisation des Unternehmens.

Aufgaben

Die Definition des IKS-Sollzustandes beinhaltet u. a. zwei für die Erstellung des IKS-Zielportfolios entscheidende Aufgaben:

- die Bewertung und
- die Analyse der Abhängigkeiten zwischen den einzelnen IKS-Projektvorschlägen sowie den derzeit laufenden IKS-Projekten.

Innerhalb der Bewertung werden entsprechend dem Konzept des IKS-Portfolios die Leistungsstärke und die wettbewerbsstrategische Bedeutung sowohl der IKS-Projektvorschläge als auch der zur Zeit in der Realisierungsphase befindlichen IKS-Projekte analysiert. Zudem wird auch eine Bewertung der wettbewerbsstrategischen Bedeutung der aktuell eingesetzten Informations- und Kommunikationssysteme vorgenommen.

Die Analyse der Abhängigkeiten ermittelt die personellen, organisatorischen und technischen Interdependenzen. Ziel dieser Untersuchung muß es sein, aus IKS-Projekten, zwischen denen Abhängigkeiten bestehen, eine IKS-Projektgruppe zu bilden. Die Abhängigkeiten werden auf der Basis der Auswirkungen, welche die Leistungsstärke eines vorgeschlagenen oder laufenden IKS-Projekts determinieren, bestimmt. Andererseits kann die Zusammenfassung zu IKS-Projektgruppen gerade eine Veränderung der personellen, organisatorischen und technischen Auswirkungen nach sich ziehen, was also die Bewertung der IKS-Projekte beeinflussen würde. Hieraus folgt, daß die beiden logisch zu trennenden Aufgaben der Bewertung und der Gruppierung von IKS-Projekten praktisch parallel in ständiger Abstimmung durchgeführt werden müssen.

Anhand der Bewertung der IKS-Projektvorschläge und der Analyse der Abhängigkeiten können solche IKS-Projekte identifiziert werden, die aufgrund eines geringen Realisierungsaufwandes aus der weiteren IKS-Planung frühzeitig entfallen und sofort verwirklicht werden können. Für diejenigen vorgeschlagenen Projekte, die einen höheren Aufwand verursachen sowie für die derzeit eingesetzten oder bereits im Realisierungsstadium befindlichen Informations- und Kommunikationssysteme folgt eine Einordnung in das IKS-Istportfolio. Aus diesem wird über eine Beurteilung das IKS-Zielportfolio erstellt, welches die aktuell eingesetzten IKS sowie die zu realisierenden IKS-Projekte bzw. -Projektgruppen enthält.

Die Definition des IKS-Sollzustandes besteht somit aus den Aufgaben

5.1 Bewertung der IKS-Projektvorschläge und der laufenden IKS-Projekte,
5.2 Analyse der Abhängigkeiten,
5.3 Identifizierung der sofort zu realisierenden IKS-Projekte,
5.4 Erstellung des IKS-Istportfolios,
5.5 Beurteilung des IKS-Istportfolios,
5.6 Erstellung des IKS-Zielportfolios.

Die im IKS-Zielportfolio enthaltenen IKS-Projekte und -Projektgruppen sind nicht nur die Basis für die anschließende Erstellung des IKS-Plans, sondern auch für die anderen Planungen der IV-Funktion sowie die Personalentwicklungsplanung des Unternehmens, vgl. Abbildung 8. Vorgaben für diese Planungen resultieren insbesondere aus der Bewertung der Leistungsstärke der einzelnen IKS-Projekte und -Projektgruppen:

- Die personellen Kriterien der Leistungsstärke sind innerhalb der Personalentwicklungsplanung des Unternehmens zu berücksichtigen. Fachliche Anforderungen an die Qualifikation der Mitarbeiter ergeben sich zudem aus den geplanten, sofort zu realisierenden Projekten.
- Die OE-Planung und die technische Planung haben jeweils auf die organisatorischen und technischen Kriterien der Leistungsstärke abzustellen.
- In Abhängigkeit der im IKS-Zielportfolio enthaltenen sowie der sofort zu realisierenden Projekte können innerhalb der IV-Funktion noch nicht vorhandene bzw. wahrgenommene Aufgaben entstehen (z. B. Schaffung einer Organisationseinheit, die für Aufbau und Betrieb der informationstechnischen Infrastruktur verantwortlich ist, oder Schaffung eines Nutzerservices, der als Ansprechpartner für die Nutzer in den Fachabteilungen dient).

Netzplan des Aufgabenkomplexes

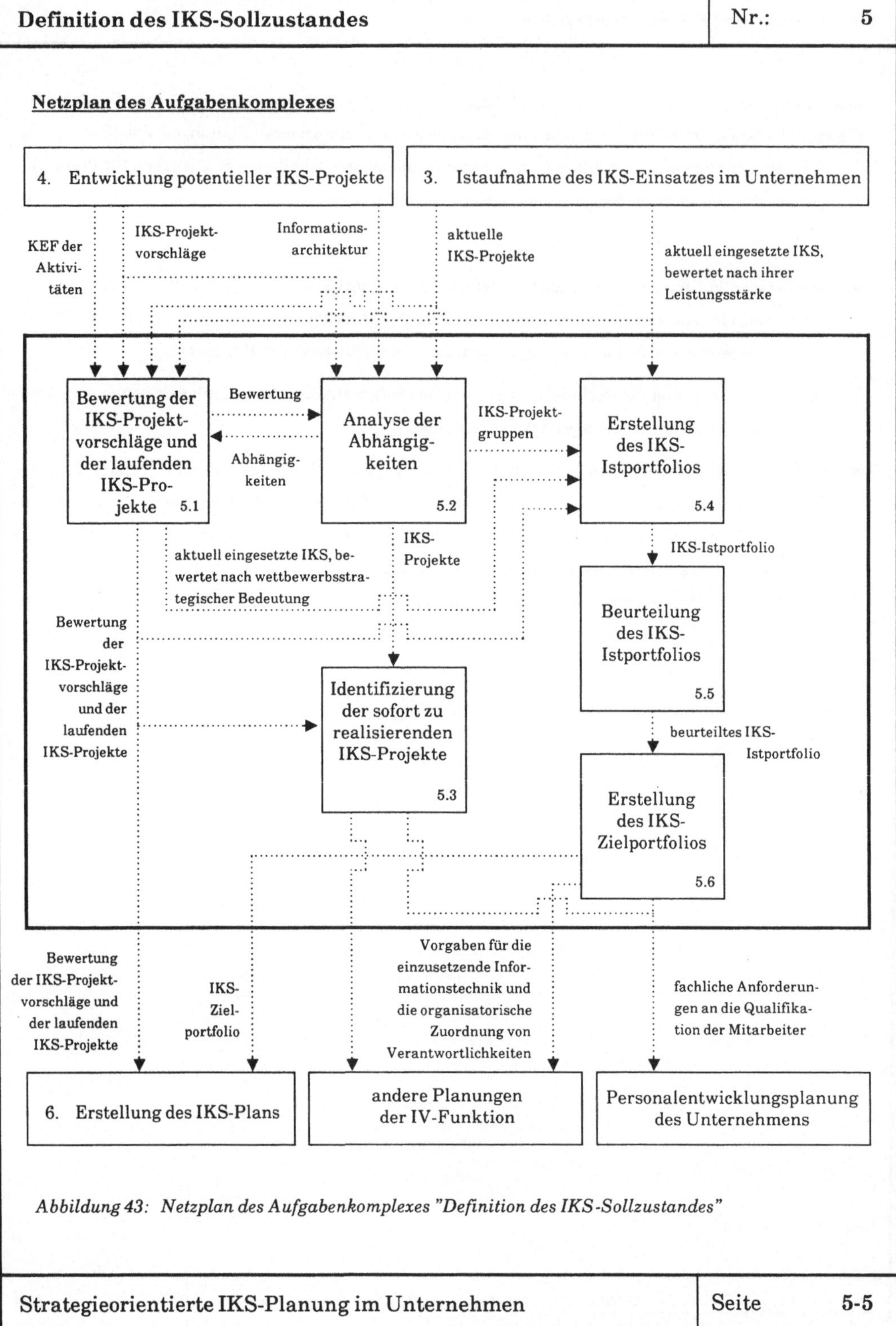

Abbildung 43: Netzplan des Aufgabenkomplexes "Definition des IKS-Sollzustandes"

Ziel

Bewertung der IKS-Projektvorschläge und der laufenden IKS-Projekte durch Beurteilung ihrer Leistungsstärke und wettbewerbsstrategischen Bedeutung; Bewertung des derzeitigen IKS-Einsatzes hinsichtlich seiner wettbewerbsstrategischen Bedeutung

Beschreibung

Die Bewertung der IKS-Projektvorschläge (die in 4.3 und 4.4 generiert wurden), der laufenden IKS-Projekte (erhoben in 3.3) und des derzeitigen IKS-Einsatzes (erhoben in 3.1) ist Voraussetzung für die Erstellung des IKS-Istportfolios (5.4).

Für den Bewertungsvorgang ist eine Beurteilung hinsichtlich der Leistungsfähigkeit und der wettbewerbsstrategischen Bedeutung vorzunehmen.

- Hierbei wird die Leistungsfähigkeit durch die Analyse der voraussichtlichen personellen, organisatorischen und technischen Auswirkungen, die die vorgeschlagenen Systeme nach ihrer Realisierung verursachen wurden, ermittelt (vgl. die Ausführungen zu Aufgabe 3.2).
- Bei der Beurteilung der wettbewerbsstrategischen Bedeutung werden die einzelnen IKS-Projektvorschläge im Hinblick auf ihren Beitrag und Einfluß auf die kritischen Erfolgsfaktoren des Unternehmens bewertet. Die für die Einschätzung dieser Dimension der Matrix ausgewählten Urteilspersonen bewerten ein IKS, indem jedes Beurteilungskriterium der Dimension, d. h. jeder gewichtete Erfolgsfaktor, dahingehend überprüft wird, inwieweit er durch das betrachtete Informations- und Kommunikationssystem beeinflußt wird. Für diese Bewertung steht, entsprechend der Alternativenbewertung bei einer Nutzwertanalyse, eine Skala von 0 bis 9 zur Verfügung, vgl. Abbildung 44. Die Vergabe einer 0 repräsentiert dabei keinerlei wettbewerbsstrategischen Einfluß des Informations- und Kommunikationssystems auf einen Erfolgsfaktor, eine 9 dagegen verdeutlicht einen wesentlichen Beitrag zur Unterstützung des entsprechenden Erfolgsfaktors. Unter Berücksichtigung der Gewichtung der einzelnen Erfolgsfaktoren ergibt sich aus der Einzelbewertung ein Gesamtprofil der Einschätzung der wettbewerbsstrategischen Bedeutung eines Informations- und Kommunikationssystems.

Da die Bewertung der einzelnen Projekte auch davon abhängt, zu welchen Projektgruppen sie innerhalb der Analyse der Abhängigkeiten (5.2) zusammengefaßt werden, muß eine ständige Abstimmung mit dieser Aufgabe erfolgen.

IKS : ....

Bewertung der wettbewerbsstrategischen Bedeutung

KEF	Gewichtung	IKS-Beitrag (0 .. 9)
Hoher Lieferservice	25	0 1 2 3 4 5 6 7 8 9
Erkennen neuer Kundenbedürfnisse	10	
Flexibles Eingehen auf Kundenwünsche	10	
Niedrige Verkaufspreise	10	
Sicherung der Kapazitätsauslastung	10	
Qualitativ höchstwertige Produkte	30	
Hohe Mitarbeitermotivation	5	

Abbildung 44: Bewertung der wettbewerbsstrategischen Bedeutung eines IKS

Die Beurteilung der potentiellen und der in der Realisierungsphase befindlichen IKS-Projekte ist wegen der Interdependenzen zwischen den einzelnen Projekten ein komplexer Vorgang, der in Zusammenarbeit vom Projekteam, dem Management der Fachbereiche und dem übergreifenden Analyseteam durchgeführt wird. Das ÜAT ist durch seine Besetzung mit Mitgliedern der verschiedenen Unternehmensbereiche dazu in der Lage, auch diejenigen Auswirkungen zu erfassen, die sich aus den Abhängigkeiten zwischen den vorgeschlagenen bzw. derzeit realisierten IKS-Projekte ergeben.

Beteiligte

- Projektteam
- Übergreifendes Analyseteam
- Management der Fachabteilungen

Bewertung der IKS-Projektvorschläge und der laufenden IKS-Projekte	Nr.: 5.1

Beziehungen zu anderen Aufgaben

Beziehung zu		Art der Beziehung		
Aufgabe	Notation	Input-Lieferant	Output-Empfänger	wechselseitige Abstimmung
Erhebung des derzeitigen IKS-Einsatzes	3.1	☒		
Erhebung der aktuellen IKS-Projekte	3.3	☒		
Ermittlung der kritischen Erfolgsfaktoren	4.1	☒		
Generierung von IKS-Projektvorschlägen durch die Unternehmensleitung	4.3	☒		
Generierung von IKS-Projektvorschlägen durch das Management	4.4	☒		
Analyse der Projekt-Abhängigkeiten	5.2			☒
Identifizierung der sofort zu realisierenden IKS-Projekte	5.3		☒	
Erstellung des IKS-Istportfolios	5.4		☒	
Festlegung des Budgets	6.4		☒	

Dokumentation

- Bewertung der IKS-Projektvorschläge nach ihrer Leistungsfähigkeit und ihrer wettbewerbsstrategischen Bedeutung
- Bewertung der laufenden IKS-Projekte nach ihrer Leistungsfähigkeit und ihrer wettbewerbsstrategischen Bedeutung
- Bewertung des derzeitigen IKS-Einsatzes nach seiner wettbewerbsstrategischen Bedeutung

Ziel

Zusammenfassung interdependenter IKS-Projektvorschläge zu potentiellen Projektgruppen

Beschreibung

Für die Erstellung des IKS-Istportfolios ist es notwendig, die technischen, organisatorischen und personellen Abhängigkeiten zwischen den einzelnen IKS-Projektvorschlägen und den laufenden IKS-Projekten zu analysieren.

Für die technischen Abhängigkeiten ist eine Beurteilung durch die technischen Spezialisten der IV-Funktion notwendig. Hierbei ist insbesondere an diejenigen Personen zu denken, die auch für die Planung der informationstechnischen Infrastruktur zuständig sind. Mitunter kann hier auch mit dem jeweiligen Anbieter der technischen Lösung zusammengearbeitet werden. Weiterhin ist ein Informationsaustausch mit Anwendern, die ähnliche Probleme haben, denkbar. Diese Möglichkeit bietet sich durch die Mitarbeit in Nutzerzirkeln an, in denen sich Anwender bestimmter Hard- oder Softwareprodukte zusammenschließen, um Informationen auszutauschen oder ihre Interessen dem Anbieter gegenüber besser vertreten zu können.

Für die Analyse der organisatorischen Abhängigkeiten kann die (in 4.2) erstellte Informationsarchitektur, die die Beziehungen der Projekte sowie des derzeitigen IKS-Einsatzes nach Daten- und Aktivitätenzusammenhängen enthält, herangezogen werden. Auch kann hier eine Kopplung zur Organisationsentwicklungsplanung des Unternehmens sinnvoll sein.

Innerhalb der Analysen der technischen und der organisatorischen Abhängigkeiten wird insbesondere geprüft, welche Projekte Voraussetzung für die Realisierung anderer Projekte sind.

Soweit Interdependenzen zwischen einzelnen Projekten bestehen, sind diese zu einer IKS-Projektgruppe zusammenzufassen (wodurch z. B. informationstechnische Infrastrukturprojekte durchaus in mehreren Projektgruppen enthalten sein können). Die so entstehenden Projektgruppen sind als Einheit zu betrachten, so daß (in Abstimmung mit 5.1) insbesondere zu prüfen ist, ob sich innerhalb einer IKS-Projektgruppe über Synergieeffekte eine höhere Leistungsfähigkeit oder ein größerer strategischer Nutzen ergibt.

Analyse der Abhängigkeiten	Nr.: 5.2

Beteiligte

- Die Analyse der Abhängigkeiten der IKS-Projektvorschläge und des derzeitigen IKS-Einsatzes ist Aufgabe des übergreifenden Analyseteams.
- Für die Klärung von Detailfragen, insbesondere hinsichtlich der technischen Abhängigkeiten, kann ein entsprechender Spezialist hinzugezogen werden.
- Weiterhin ist ein Kontakt mit Externen (Anbieter, andere Anwender) möglich.

Beziehungen zu anderen Aufgaben

Beziehung zu		Art der Beziehung		
Aufgabe	Notation	Input-Lieferant	Output-Empfänger	wechselseitige Abstimmung
Erhebung der aktuellen IKS-Projekte	3.3	☒		
Erstellung der Informations-architektur	4.2	☒		
Generierung von IKS-Projektvorschlägen durch die Unternehmensleitung	4.3	☒		
Generierung von IKS-Projektvorschlägen durch das Management	4.4	☒		
Bewertung der IKS-Projektvorschläge und der laufenden IKS-Projekte	5.1			☒
Identifizierung der sofort zu realisierenden IKS-Projekte	5.3		☒	
Erstellung des IKS-Istportfolios	5.4		☒	

Dokumentation

- Gruppierung der IKS-Projektvorschläge
- Beschreibung der technischen, organisatorischen und personellen Abhängigkeiten zwischen den einzelnen Projekten und dem derzeitigen IKS-Einsatz einer IKS-Projektgruppe

Ziel

Erkennen derjenigen IKS-Projektvorschläge, die mit geringem Aufwand sofort realisiert werden können

Beschreibung

Unter der Gesamtheit der IKS-Projektvorschläge befinden sich selbstverständlich auch solche, die gekennzeichnet sind durch

- einen geringen funktionalen Umfang und dementsprechend
- einen geringen Realisierungsaufwand

sowie

- eine weitgehende Unabhängigkeit von anderen Projektvorschlägen.

Zu denken ist hierbei an - zumeist einfache - Berichts-, Abfrage- oder Berechnungssysteme, die den spezifischen Informationsbedarf eines Entscheidungsträgers decken. Die Entwicklung solcher Systeme erfolgt unter Einsatz endnutzerorientierter Werkzeuge (Reportgeneratoren, Abfragesprachen, Kalkulationsprogramme u. ä.), wobei die Entwicklung vom Benutzer selbst oder mit Unterstützung des Nutzerservices der IV-Funktion durchgeführt wird.

Es handelt sich hier also um Anwendungssysteme, deren Realisierung, Einsatz und Wartung gemeinhin dem Bereich der Individuellen Datenverarbeitung (IDV) zugerechnet wird. Die sofortige Realisation solcher begrenzten Systeme führt zu einem steigenden Ansehen des IV-Personals in den Augen der Nutzer und stellt somit eine Chance für die Verbesserung der Beziehungen zwischen den Fachabteilungen und der IV-Funktion dar /vgl. I/S Analyzer 88a, S. 6/.

Die Identifizierung der sofort zu realisierenden Informations- und Kommunikationssysteme kann anhand einer Checkliste erfolgen, die eine Abschätzung ermöglicht, ob eine IKS-Projektidee als IDV-Anwendung durchgeführt werden kann. Abbildung 45 zeigt hierfür die grundsätzlichen Abgrenzungsmerkmale zwischen einer zentralen DV-Anwendung und einer IDV-Anwendung.

Zentrale DV	IDV
hohe Lebensdauer der Anwendung	geringe Lebensdauer der Anwendung
repetitive Einsätze	ad-hoc-Problemstellung
Anwendergemeinschaft	Einzelanwender
bereichsübergreifende Anwendung	isolierte Anwendung
hohe Komplexität der Anwendung	geringe Komplexität der Anwendung
vor- und nachgelagerte DV-Schnittstellen	keine DV-Schnittstellen
automatische Datenversorgung	keine automatische Datenversorgung
hoher Entwicklungsaufwand	geringer Entwicklungsaufwand
Projektmanagement erforderlich	Projektmanagement nicht erforderlich
Verarbeitung großer Datenmengen	Verarbeitung geringer Datenmengen
Notwendigkeit des Zugriffs auf zentrale Daten	keine Notwendigkeit des Zugriffs auf zentrale Daten
Datenschutzanforderungen	Datenschutzanforderungen
Vernetzung erforderlich	Vernetzung nicht erforderlich

Abbildung 45: Merkmale von Anwendungen der zentralen DV und der IDV /nach CW 84, S. 6/

Die Einstufung eines IKS-Projektvorschlages als Anwendung der zentralen DV oder der IDV sollte vom ÜAT gemeinsam mit dem Management oder anderen Nutzern der Fachabteilung vorgenommen werden. Nach erfolgter Identifizierung der IDV-Anwendungen wird ihre Realisierung der Fachabteilung überantwortet, die - je nach Kenntnisstand der Mitarbeiter - die Lösung selbst erstellt oder sich hierbei durch den Nutzerservice der IV-Funktion unterstützen läßt. Die Entwicklung selbst wird eher mittels Prototyping als über eine konventionelle phasenorientierte Anwendungsentwicklung erfolgen.

Beteiligte

- Projektteam
- Übergreifendes Analyseteam
- Management der Fachabteilungen / Nutzer

Beziehungen zu anderen Aufgaben

Beziehung zu		Art der Beziehung		
Aufgabe	Notation	Input-Lieferant	Output-Empfänger	wechselseitige Abstimmung
Bewertung der IKS-Projektvorschläge und der laufenden IKS-Projekte	5.1	☒		
Analyse der Abhängigkeiten	5.2	☒		

Dokumentation

- Beurteilungen aller als IDV-geeignet erscheinenden IKS-Projektvorschläge
- Benennung der IDV-Anwendungen

Ziel

Darstellung der Leistungsfähigkeit und der wettbewerbsstrategischen Bedeutung der aktuell eingesetzten IKS, der laufenden IKS-Projekte und der vorgeschlagenen IKS-Projekte bzw. -Projektgruppen

Beschreibung

Zur Erstellung des IKS-Istportfolios werden als IKS-Objekte in die Portfolio-Matrix eingeordnet:

- die vorgeschlagenen, (in 5.1) bewerteten und (in 5.2) gruppierten IKS-Projekte
- die derzeit eingesetzten Informations- und Kommunikationssysteme (auf Basis der Bewertung in 3.2 und 5.1) sowie
- die nicht in IKS-Projektgruppen integrierten laufenden IKS-Projekte (resultierend aus 5.1).

Die einzelnen Bewertungen des ÜAT (aus 5.1) werden nun zu einer Gesamtbewertung zusammengefaßt und in einer zweidimensionalen Portfolio-Matrix visualisiert. Hierbei wird die Generierung von Zufallsbereichen bei der Positionierung der o. g. Objekte einer Punkthypothese vorgezogen. Auf diese Weise besteht die Möglichkeit, Meinungsaußenseiter im ÜAT nicht in einer Darstellung untergehen zu lassen, die lediglich einen Konsenswert (Mittelwert, Erwartungswert) zum Ergebnis hat. Hierdurch wird gewährleistet, daß auch der Kenntnis neuer, noch nicht allgemein verbreiteter Zusammenhänge Aufmerksamkeit geschenkt wird.

Weiterhin besteht die Möglichkeit, durch Angabe von Unsicherheitsbereichen subjektiv empfundene Unschärfen darzustellen. Hierbei kann eine "Worst case / Best case"-Betrachtung eingesetzt werden. Diese zeichnet sich dadurch aus, daß nicht die Verteilung selbst sondern die jeweiligen Eckpunkte der Verteilungen für die Urteilswerte bestimmt werden. Hierfür müssen ein mittlerer, ein pessimistischer und ein optimistischer Wert erfaßt werden.

Aus den einzelnen Beurteilungen der Mitglieder des ÜAT kann ein Zufallsbereich durch eine Linie gleicher Wahrscheinlichkeitsdichte zu einem Konfidenzparameter β abgegrenzt werden /vgl. Stange 71, S. 28 ff./. Damit läßt sich ein Vertrauensbereich angeben, in dem sich $(1-\beta)\%$ der Meinungsäußerungen aller Beteiligten befinden. Zufallsbereiche können dann in Ellipsenform, vgl. Abbildung 16, oder rechteckig erzeugt werden /vgl. Robens 86, S. 332 ff./.

Erstellung des IKS-Istportfolios	**Nr.: 5.4**

Beteiligte

- Projektteam

Beziehungen zu anderen Aufgaben

Beziehung zu		Art der Beziehung		
Aufgabe	Notation	Input-Lieferant	Output-Empfänger	wechselseitige Abstimmung
Beurteilung des derzeitigen IKS-Einsatzes	3.2	☒		
Bewertung der IKS-Projektvorschläge und der laufenden IKS-Projekte	5.1	☒		
Analyse der Abhängigkeiten	5.2	☒		
Beurteilung des IKS-Istportfolios	5.5		☒	

Dokumentation

- Berechnungen für die Einordnungen der einzelnen IKS-Objekte in die Portfolio-Matrix
- IKS-Istportfolio-Matrix

Beurteilung des IKS-Istportfolios	**Nr.: 5.5**

Ziel

Ableitung von Handlungsempfehlungen in Abhängigkeit von den Positionen, die die einzelnen IKS-Objekte in der Matrix des IKS-Istportfolios einnehmen.

Beschreibung

In Abhängigkeit von den Positionen der einzelnen IKS-Objekte in der Matrix des IKS-Istportfolios lassen sich Normstrategien als denkbare strategische Stoßrichtungen für den zukünftigen IKS-Einsatz ableiten. Diese eher globalen Normstrategien müssen jedoch wesentlich vertieft und konkretisiert werden. Für das IKS-Portfolio lassen sich drei Normstrategien unterscheiden, vgl. Abbildung 46:

wettbewerbs-strategische Bedeutung ↑

selektieren soweit Aufwand im Rahmen machbar, Abbau der Schwächen	investieren Schwächen gezielt abbauen, Investitionen zur Erhöhung der Leistungsstärke	investieren maximale Investition,um Position zu halten oder auszubauen
selektieren soweit lohnend, Abbau der Schwächen der Leistungsstärke	selektieren Abbau der Schwächen, Ausbau der Stärken des Leistungs-potentials	investieren Position halten
desinvestieren Kapazitäten gezielt abbauen	selektieren Investitionen minimieren, Desinvestition planen	selektieren durch IKS-Innovationen höheren strategischen Beitrag anstreben

→ relative Leistungsstärke

Abbildung 46: Normstrategien für die IKS-Portfolio-Matrix

- Investition

  Potentielle IKS-Objekte mit hoher wettbewerbsstrategischer Bedeutung und hoher Leistungsstärke stellen für das Unternehmen ein großes Erfolgspotential dar. Auf diese Anwendungsfelder sollten die künftigen Aktivitäten sowie die finanziellen, personellen und technischen Ressourcen gelenkt werden, um vorteilhafte Positionen zu halten bzw. mögliche Schwächen gezielt abzubauen.

- Desinvestition

  Potentielle IKS-Objekte aber auch bestehende IKS mit nur geringem wettbewerbsstrategischen Einfluß und niedriger Leistungsstärke sollten dagegen nur in Ausnahmefällen weiter ausgebaut werden. Hier empfiehlt sich eher der geplante Abbau der Kapazitäten und die gezielte Desinvestition. Die freiwerdenden Mittel können somit in attraktivere Felder gesteuert werden.

- Selektion

  Potentielle IKS-Objekte, die auf der Diagonalen der IKS-Portfolio-Matrix positioniert sind, müssen selektiv beurteilt und tiefergehend untersucht werden. In Abhängigkeit von den Ursachen, die eine derartige Positionierung bewirkt haben, sind sowohl Investitions- als auch Desinvestitionsstrategien denkbar. So sollten z. B. bei potentiellen IKS-Projekten und -Projektgruppen mit geringem strategischen Beitrag und gleichzeitig hoher Leistungsstärke grundsätzlich nur Mittel in einem Umfang investiert werden, der ausreicht, bestehende Wettbewerbsvorteile zu erhalten. Große Investitionen, vornehmlich im F&E-Bereich sollten dagegen eher in wirklich zukunftsträchtige und strategisch bedeutsame IKS-Projekte und -Projektgruppen gelenkt werden.

Beteiligte

- Übergreifendes Analyseteam
- Projektteam

Beziehungen zu anderen Aufgaben

Beziehung zu		Art der Beziehung		
Aufgabe	Notation	Input-Lieferant	Output-Empfänger	wechselseitige Abstimmung
Erstellung des IKS-Istportfolios	5.4	☒		
Erstellung des IKS-Zielportfolios	5.6		☒	

Dokumentation

- Beurteilung eines jeden IKS-Objekts hinsichtlich der Position innerhalb der Matrix des IKS-Istportfolios

Erstellung des IKS-Zielportfolios	Nr.: **5.6**

Ziel

Definition derjenigen aktuell eingesetzten IKS sowie der IKS-Projekte und -Projektgruppen, die als Bestandteil des IKS-Zielportfolios zu realisieren sind

Beschreibung

Auf der Basis der Beurteilung des IKS-Istportfolios (5.5) erfolgt die Definition des IKS-Zielportfolios. Dieser Prozeß kann durch die aus dem Istportfolio abgeleiteten Normstrategien sowie weitere Informationen, die aus der Unternehmens- und Umweltanalyse gewonnen wurden, unterstützt und flankiert werden.

Dadurch, daß auch die aktuell im Unternehmen eingesetzten Informations- und Kommunikationssysteme in das IKS-Istportfolio eingeordnet sind, werden sie ständig hinsichtlich ihrer Leistungsstärke und ihrer wettbewerbsstrategischen Bedeutung untersucht. Je älter sie sind, umso geringer wird ihre Bewertung ausfallen, so daß sie letzten Endes in ein Selektions- bzw. Desinvestitionsfeld eingeordnet werden. Wird eine Desinvestitionsentscheidung gefällt, werden diese Informations- und Kommunikationssysteme - soweit Ersatzsysteme projektiert sind - nicht mehr in das Zielportfolio aufgenommen. Diese Vorgehensweise vermeidet aufwendige Wartungsarbeiten an veralteten Systemen, so daß Mittel für den Abbau des Anwendungsstaus verfügbar werden.

Die Auswahl bestimmter IKS-Projekte und -Projektgruppen sollte sich stets an den branchen- und unternehmensspezifischen Rahmenbedingungen für die Informationsverarbeitung orientieren. Wird beispielsweise im Unternehmen eine spezielle Vernetzungsphilosophie verfolgt, so muß dies auch bei der Planung künftiger Anwendungen von Informations- und Kommunikationssystemen Berücksichtigung finden. Deutlichen Einfluß üben ferner bestimmte Branchenstandards aus. Wird z. B. die Vernetzung mit einem Abnehmerunternehmen angestrebt, um aufgrund des daraus resultierenden starken Abhängigkeitsverhältnisses mögliche Wettbewerbsvorteile zu erzielen, so ergeben sich hieraus eine Reihe von Restriktionen für die Gestaltung eines entsprechenden Systems im eigenen Unternehmen, sei es in Form einer Anpassung an bestimmte Protokolle, Standardlösungen oder auch Hardwareeigenschaften.

Die mit der Erstellung des IKS-Zielportfolios festgelegten IKS-Projekte und -Projektgruppen sind im nächsten Schritt hinsichtlich Verantwortlichkeiten für die Projektdurchführung, Budget- und Methodenvorgaben aufeinander abzustimmen. Dies geschieht innerhalb der Erstellung eines IKS-Plans (6).

Erstellung des IKS-Zielportfolios	Nr.: 5.6

Beteiligte

- Projektteam
- ÜAT
- Abstimmungs- und Entscheidungsgremium
- Unternehmensleitung

Beziehungen zu anderen Aufgaben

Beziehung zu		Art der Beziehung		
Aufgabe	Notation	Input-Lieferant	Output-Empfänger	wechselseitige Abstimmung
Beurteilung des IKS-Istportfolios	5.5	☒		
Aufstellung der Zielvorgaben	6.1		☒	
Festlegung der Verantwortlichkeiten	6.2		☒	
Aufstellung des Terminplans	6.3		☒	
Festlegung des Budgets	6.4		☒	
Festlegung der Methoden	6.5		☒	

Dokumentation

- Entscheidungen über die Aufnahme der einzelnen potentiellen IKS-Projekte und -Projektgruppen in das zu realisierende IKS-Zielportfolio
- IKS-Zielportfolio-Matrix

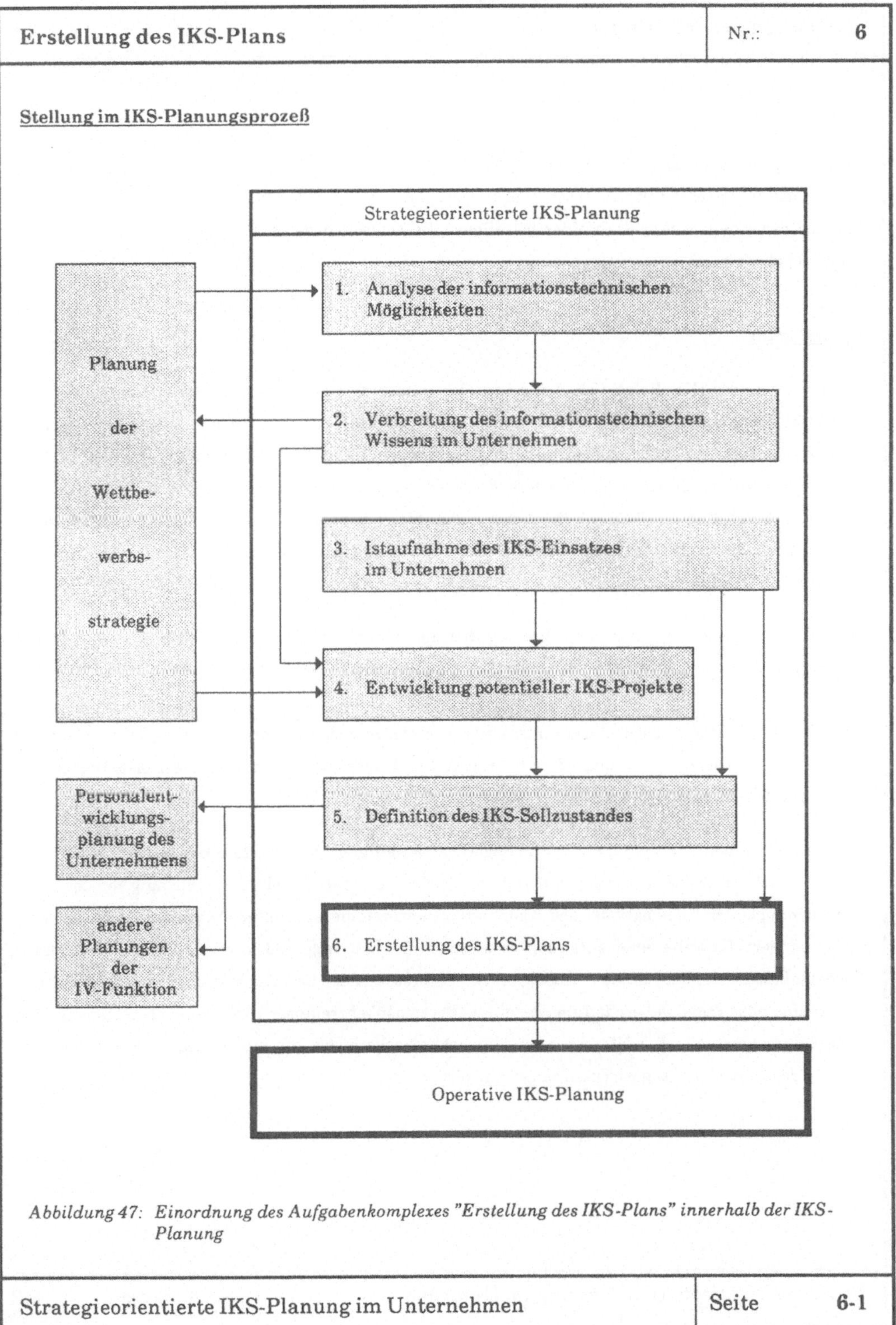

Abbildung 47: Einordnung des Aufgabenkomplexes "Erstellung des IKS-Plans" innerhalb der IKS-Planung

Ziel

Festlegung des grundsätzlichen Rahmens, innerhalb dessen sich die künftigen Aktivitäten zur Umsetzung des angestrebten IKS-Sollzustandes zu bewegen haben. Der Maßnahmenkatalog legt die Aufgaben und den Handlungsspielraum der betroffenen Bereiche und deren Beziehung zur Gesamtgestaltungsaufgabe fest.

Grundlegung

Auf der Basis des IKS-Zielportfolios ergeben sich unterschiedliche Aktionsprogramme, die als vielschichtige Gestaltungsaufgabe nur im Rahmen eines umfassenden IKS-Projekts abgewickelt werden können. Das bedeutet, es handelt sich in der Regel um einmalig durchzuführende Vorhaben, die sich durch eine zeitliche Befristung, besondere Komplexität und eine interdisziplinäre Aufgabenstellung auszeichnen /vgl. Madauss 84, S. 8/. Meist sind im Rahmen eines solchen Projektes mehrere Abteilungen eines Unternehmens betroffen, die innerhalb einer Projektorganisation fachübergreifend zusammenarbeiten. Ein IKS-Plan liefert dabei die wesentlichen Vorgaben für die Projektdurchführung.

Der IKS-Plan enthält als Maßnahmenkatalog Richtlinien, Vorschriften und Ziele für eine einheitliche Realisierung der innerhalb des IKS-Zielportfolios definierten IKS-Projekte und -Projektgruppen. Ihre Durchführung, d. h. die Projektdetailplanung, die Erhebung und Analyse der Ist-Situation, die Entwicklung eines Sollkonzeptes sowie die organisatorische, technische und personelle Realisierung, erfolgt auf der operativen Ebene. Abbildung 48 verdeutlicht den Übergang zwischen strategieorientierter und operativer IKS-Planung.

Ein Maßnahmenkatalog muß die Auswirkungen der jeweiligen projektierten Informations- und Kommunikationssysteme auf die einzelnen Unternehmensbereiche berücksichtigen. Abhängig von der Tragweite der geplanten Informations- und Kommunikationssysteme sind unterschiedliche Unternehmensfelder tangiert. Im Falle einer abteilungsspezifischen Realisierung sind in erster Linie die betroffene Fachabteilung, darüber hinaus jedoch auch unterstützende Servicebereiche, wie IV-Funktion, Controlling oder Personalbeschaffung, beteiligt. Bereichsübergreifende IKS-Lösungen verlangen eine enge Zusammenarbeit oft weit gestreuter Unternehmensbereiche, um eine erfolgversprechende Umsetzung des strategisch Angestrebten zu gewährleisten.

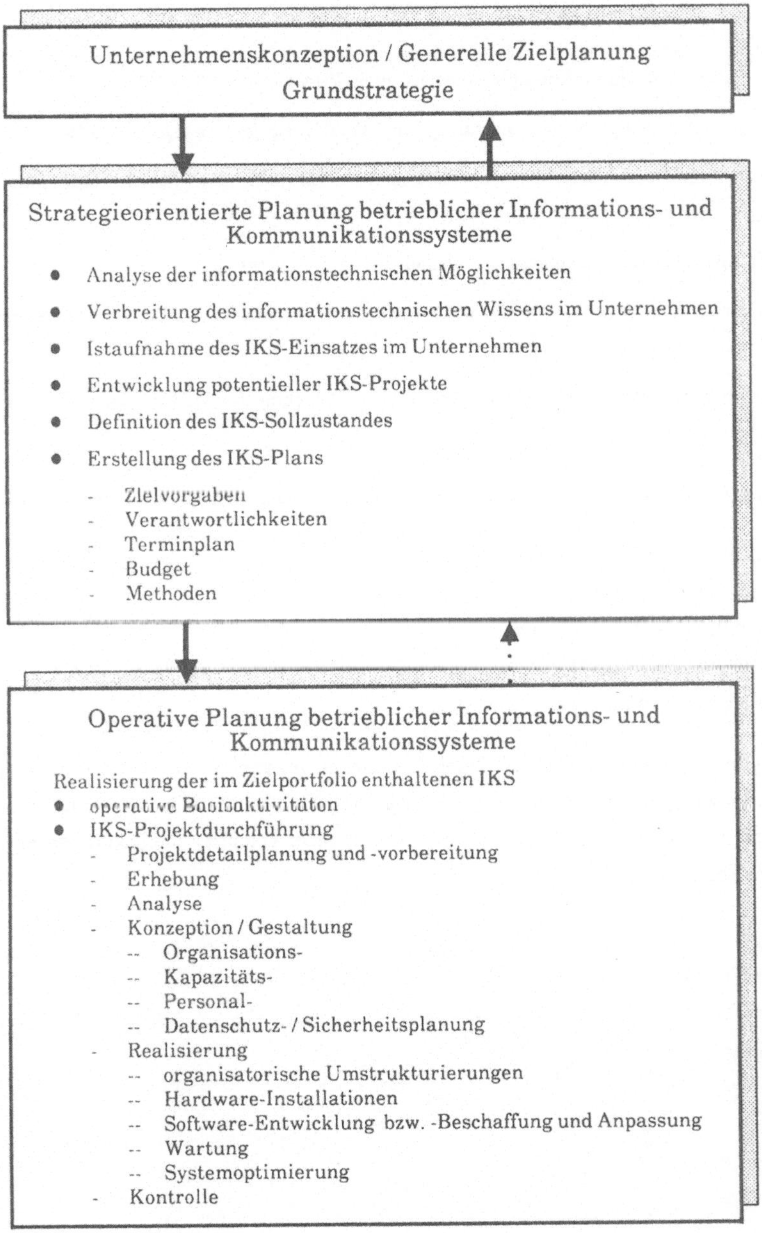

Unternehmenskonzeption / Generelle Zielplanung
Grundstrategie

Strategieorientierte Planung betrieblicher Informations- und Kommunikationssysteme

- Analyse der informationstechnischen Möglichkeiten
- Verbreitung des informationstechnischen Wissens im Unternehmen
- Istaufnahme des IKS-Einsatzes im Unternehmen
- Entwicklung potentieller IKS-Projekte
- Definition des IKS-Sollzustandes
- Erstellung des IKS-Plans
  - Zielvorgaben
  - Verantwortlichkeiten
  - Terminplan
  - Budget
  - Methoden

Operative Planung betrieblicher Informations- und Kommunikationssysteme

Realisierung der im Zielportfolio enthaltenen IKS

- operative Basisaktivitäten
- IKS-Projektdurchführung
  - Projektdetailplanung und -vorbereitung
  - Erhebung
  - Analyse
  - Konzeption / Gestaltung
    - Organisations-
    - Kapazitäts-
    - Personal-
    - Datenschutz- / Sicherheitsplanung
  - Realisierung
    - organisatorische Umstrukturierungen
    - Hardware-Installationen
    - Software-Entwicklung bzw. -Beschaffung und Anpassung
    - Wartung
    - Systemoptimierung
  - Kontrolle

Abbildung 48: Die IKS-Planungsebenen

Aufgaben

Ein strategieadäquater Maßnahmenplan enthält /nach Wieselhuber 83, S. 77/:

- Zielvorgaben für die operative Umsetzung für jedes IKS-Projekt bzw. jede IKS-Projektgruppe,
- Festlegung der personellen Verantwortlichkeiten für jedes IKS-Projekt bzw. jede IKS-Projektgruppe,
- Terminplan der zu realisierenden IKS-Projekte und -Projektgruppen,
- Budget zur Realisierung der IKS-Projekte und -Projektgruppen und Zuordnung des Budgets an die betroffenen Unternehmensbereiche,
- Festlegung geeigneter Methoden, die bei der Realisierung der IKS-Projekte und -Projektgruppen einzusetzen sind.

Entsprechend beinhaltet der Aufgabenkomplex der Erstellung des IKS-Plans folgende Aufgaben:

6.1 Aufstellung der Zielvorgaben,
6.2 Festlegung der Verantwortlichkeiten,
6.3 Aufstellung des Terminplans,
6.4 Festlegung des Budgets,
6.5 Festlegung der Methoden.

Die innerhalb der Erstellung des IKS-Plans vollzogenen Aufgaben liefern mit ihren Ergebnissen die Grundlage für die operative IKS-Planung, die den detaillierten Entwicklungsprozeß künftiger Informations- und Kommunikationssysteme sicherstellt. Hierbei gelangen die bekannten Phasenschemata des Software Engineering zum Einsatz.

Netzplan des Aufgabenkomplexes

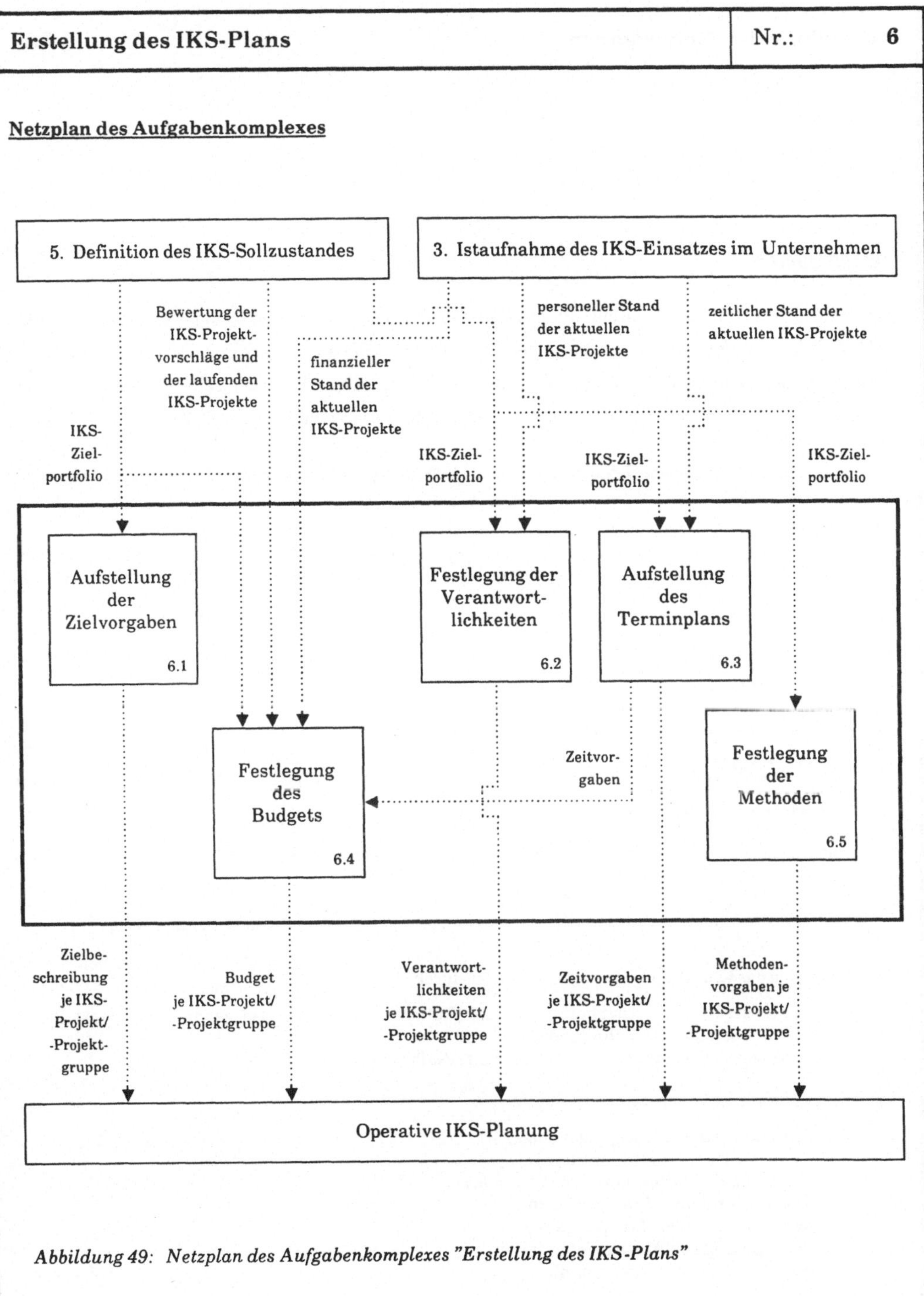

Abbildung 49: Netzplan des Aufgabenkomplexes "Erstellung des IKS-Plans"

Aufstellung der Zielvorgaben	Nr.: 6.1

Ziel

Vorgabe der Ziele für jedes zu realisierende IKS-Projekt bzw. jede IKS-Projektgruppe

Beschreibung

In Abhängigkeit von der Position, die ein IKS-Projekt bzw. eine -Projektgruppe innerhalb der IKS-Portfolio-Matrix einnimmt, sowie künftigen Chancen und Risiken variieren die Gestaltungsziele. Das Spektrum der Ziele umfaßt dabei sowohl anwenderspezifische oder technische Faktoren wie auch organisationsinterne und organisationsübergreifende Kriterien /vgl. hierzu z. B. VDI-5015 87, S. 5 ff./.

Organisationsübergreifende Gestaltungsziele zur Erhöhung der Wettbewerbsfähigkeit sind z. B.:

- Anpassung der Unternehmung an übergreifende Infrastrukturen (Vernetzung),
- Erweiterung des Informations- und Wissensstandes durch Zugang zu öffentlichen und privaten Datenbanken,
- Anbindung der Lieferanten und Abnehmer, Marktpartner, Behörden, Verbände, nationaler und internationaler Organisationen etc. durch Vernetzung,
- Anpassung der vorhandenen Systeme an Branchenstandards,
- Operationalisierung der Geschäftsstrategien (Strategie-Umsetzung, z. B. durch einen informationstechnisch-basierten Zusatzservice zum Produkt),
- Anpassung der Organisation als Reaktion auf Marktanforderungen etc.

Organisationsinterne Ziele, die den IKS-Gestaltungsprozeß bestimmen, sind beispielsweise

- Erhöhung der Qualität der Arbeitsergebnisse durch:
  - die Verbesserung des Erscheinungsbildes (Darstellung des Arbeitsergebnisses, Layout),
  - die Verringerung der Fehlerquote,
  - die bessere Verständlichkeit (transparente Aufbereitung) etc.
- Erhöhung der Leistungsfähigkeit durch:
  - Steigerung der Ausbringungsmenge,
  - Verkürzung der Durchlaufzeiten,
  - Minimierung des Bearbeitungsaufwandes,
  - Abbau redundanter Informationen,
  - Beschleunigung von Suchvorgängen,
  - Verringerung von Abwesenheitszeiten,
  - Verringerung von Wartezeiten,

- Abbau von Medienbrüchen,
- schnellere Verfügbarkeit von Informationen.

- Senkung der Kosten

- Erhöhung der Flexibilität durch:
  - Möglichkeiten der Aufgabenzusammenführung,
  - transparente Entscheidungsgrundlagen,
  - Unabhängigkeit bei Zugriffen auf Systemkomponenten,
  - Verbesserung von Abstimmungsprozeduren.

- Verbesserung des Informationsangebots durch:
  - erhöhte Aktualität von Informationen,
  - Abbau der Informationsflut,
  - bessere Sicherung von Informationen vor Mißbrauch,
  - bessere Aufbereitung bzw. Darstellung von Informationen,
  - verbesserter Zugriff auf Informationen.

Anwenderspezifische Ziele des IKS-Gestaltungsprozesses sind durch eine Verbesserung der Humanfaktoren geprägt. Hierunter fallen z. B.:

- Steigerung der Arbeitszufriedenheit,
- Erhöhung der Qualifikationschancen,
- Entlastung von Routineaktivitäten,
- Steigerung der Motivation,
- Erhöhung der Autonomie,
- Steigerung der Mitwirkung,
- Erhöhung der Verantwortung.

Technische Zielkriterien, die eine Verbesserung der Leistungsfähigkeit der verfügbaren Arbeitsmittel beinhalten, können den Prozeß der IKS-Entwicklung wesentlich bestimmen. Hierzu zählen Faktoren wie:

- Verbesserung der Geräteeigenschaften (Hardwareergonomie),
- Verbesserung des Einsatzkonzeptes,
- Erhöhung der Benutzerfreundlichkeit,
- Verbesserung der Funktionalität etc.

Die aufgeführten Zielkriterien werden in der Regel nicht isoliert angestrebt. Beachtung finden muß die enge Beziehung zwischen den einzelnen Faktoren, die sich durch positive aber auch negative Beeinflussung auszeichnet /vgl. Hoyer 88, S. 88/. Das Ziel eines IKS-Projekts steht immer in einer gewissen Beziehung zu anderen Teilzielen und dem daraus resultierenden übergeordneten Unternehmensziel. Diese Interdependenzen sind bei der Formulierung der Zielvorgaben für die operative Umsetzung des IKS-Sollzustandes zu beachten /vgl. Dreger 75, S. 137/. Für eine erfolgreiche Projektabwicklung ist ferner die Quantifizierung der Zielkomponenten unabdingbar. Dies umfaßt die Festlegung von Definitions- und Maßbedingungen, mit denen der Zielerreichungsgrad meßbar wird.

Beteiligte

- Projektteam
- An der Festlegung der organisationsübergreifenden Ziele ist das ÜAT zu beteiligen.
- Außerdem ist eine Beteiligung des Managements der Abteilung, die das Projekt vorgeschlagen hat, wegen der späteren Verantwortungsübernahme innerhalb der Projektrealisierung sinnvoll.

Beziehungen zu anderen Aufgaben

Beziehung zu		Art der Beziehung		
Aufgabe	Notation	Input-Lieferant	Output-Empfänger	wechselseitige Abstimmung
Erstellung des IKS-Zielportfolios	5.6	☒		

Dokumentation

- Beschreibung der Ziele für jedes IKS-Projekt bzw. jede Projektgruppe nach Inhalt, Ausmaß und zeitlichem Bezug

Festlegung der Verantwortlichkeiten	Nr.: 6.2

Ziel

Festlegung der für die Durchführung der einzelnen IKS-Projekte und -Projektgruppen verantwortlichen Personen

Beschreibung

Die Festlegung der Verantwortlichkeiten bezieht sich in erster Linie auf die Benennung eines Projektverantwortlichen. Dieser muß das erforderliche Maß an Vollmachten erhalten, so daß er auch in der Lage ist, die Verantwortung für die Projektdurchführung zu übernehmen. Die Leitung beinhaltet

- die Verantwortung für das Erreichen des Projektzieles,
- die Verantwortung für die Termineinhaltung,
- die Verantwortung für die Kosteneinhaltung /vgl. Hegi 71, S. 381/.

Die Projektzuständigkeit umfaßt somit das gesamte Spektrum der Projektdurchführung, d. h. sowohl technische als auch administrative Aspekte der Abwicklung /vgl. Madauss 84, S. 80/. Der Projektleiter ist nicht nur als Koordinator zu verstehen, sondern sollte darüber hinaus über Kenntnisse der sachlichen Aufgabenstellung verfügen, um auch technisch-orientierte Probleme in der Projektabwicklung behandeln zu können.

Im Falle abteilungsspezifischer IKS-Lösungen, die keine oder nur schwache Interdependenzen zu weiteren Bereichen des Unternehmens aufweisen, sollte die Benennung eines Projektleiters aus der betroffenen Fachabteilung erfolgen. Er hat primär über geeignete Führungsqualitäten sowie das erforderliche Fachwissen zu verfügen. Die Projektverantwortung in der Hand der jeweiligen Abteilung bietet den Vorteil, die Systemgestaltung direkt an die abteilungsspezifischen Gegebenheiten anzupassen.

Das für die erfolgreiche Realisierung eines Informations- und Kommunikationssystems erforderliche Fachwissen rekrutiert sich zu einem großen Teil aus der Fachkompetenz der betroffenen Fachabteilung. Das in der Regel bei Führungskräften aus den Abteilungen nur selten vorhandene Informatik- und Organisationsfachwissen sowie sonstige projektrelevante Kenntnisse werden dagegen durch die Zusammenarbeit mit den Servicebereichen, wie der IV-Funktion, bzw. durch externe Berater ergänzt. Die personelle Zusammensetzung eines Projektteams hängt in starkem Maße von situationsspezifischen Faktoren ab, die im Vorfeld der operativen Umsetzung festgelegt werden sollten. Die Projektverantwortlichkeit auf seiten der betroffenen Organisationseinheit erscheint auch aus dem Grund erforderlich, um Widerstände gegen ein zukünftiges IKS-Projekt und Akzeptanzprobleme der späteren Nutzer schon frühzeitig zu umgehen /vgl. Hoyer/Strauch 88, S. 104/.

Aufgrund der weiter fortschreitenden Dezentralisierung und Integration der Informationsverarbeitung werden zunehmend Gestaltungsprojekte betrieblicher Informations- und Kommunikationssysteme in verschiedenen Unternehmensbereichen nicht unabhängig voneinander zu realisieren sein. In diesem Fall ist eine gemeinsame Projektorganisation erforderlich, um die abweichenden Projektanforderungen unterschiedlicher Bereiche zu koordinieren. Ein erfolgreicher Projektverlauf kann in diesem Fall nur mit der Unterstützung der betroffenen Fachabteilungen erzielt werden, womit die spätere Akzeptanz einer informationstechnischen und/oder organisatorischen Veränderung gewährleistet wird /vgl. Spengler-Rast 88, S. 18/.

Die aufgrund der fachlichen, technischen und wirtschaftlichen Anforderungen an ein IKS-Projekt erforderliche Zusammenarbeit zwischen den Fachabteilungen, der IV-Funktion und dem Controlling verläuft jedoch nicht immer reibungslos. Häufig entstehen Lösungskonzepte, die im Hinblick auf die unterschiedlichen Anforderungen nicht optimiert sind, sondern eher die politischen Machtverhältnisse des Unternehmens widerspiegeln /vgl. Holthaus 88, S. 20/. Nur durch ein annäherndes Gleichgewicht der betroffenen Interessengruppen kann man den unterschiedlichen Kriterien einer IKS-Lösung gerecht werden. Jedes Unternehmen muß dabei seine spezifische Lösung zur organisatorischen Regelung der Zusammenarbeit der einzelnen Servicebereiche mit den Fachabteilungen finden. Die Realisierung eines wirkungsvollen Organisationskonzeptes, verbunden mit der Nominierung geeigneter Mitarbeiter, der klaren Festlegung von Zuständigkeiten, Verantwortlichkeiten und Vollmachten, ist eine wichtige Voraussetzung für die erfolgreiche Projektabwicklung.

Aufgrund der Vielzahl unterschiedlicher Interessen ist eine Projektkoordination durch eine Stabsstelle, die ausschließlich Informations- und Beratungsbefugnisse besitzt, nicht zu empfehlen /vgl. Hill u. a. 76, S. 203/. Auch die Bildung einer Ad-hoc-Organisation für die Dauer des Projektes als weitere Möglichkeit der Projektorganisation bietet Nachteile. Durch die Zusammenfassung geeigneter Fachleute ist zwar eine kompetente und straffe Projektdurchführung zu erwarten, doch treten Probleme auf, geeignete Mitarbeiter aus ihrem gewohnten Tätigkeitsbereich freizumachen bzw. nach Projektende wieder zu integrieren.

Im Falle eines Matrix-Projektmanagements hat der Projektleiter die Durchführungsmacht und -verantwortung, teilt diese jedoch mit den Fachabteilungen oder auch Fremdfirmen, die am Projekt beteiligt sind. Das Matrix-Projekt-Management ist dadurch gekennzeichnet, daß ein Gleichgewicht zwischen der horizontalen Organisation, d. h. dem Projektmanagement einerseits und der vertikalen Organisation, d. h. den Fachabteilungen andererseits, angestrebt wird /vgl. Dullien 76, S. 14/. Dort, wo sich die Beteiligten ergänzen, kann eine solche Projektorganisationsform durchaus fruchtbar sein. Im Falle einer deutlichen Konkurrenz unter den Projektbetroffenen können erhebliche Konflikte entstehen. Die Einführung der Matrix-Organisation bereitet daher in der Praxis oft Implementationsschwierigkeiten, wenn etwa die Projektleitung auf den Widerstand der Fachbereiche stößt. Ein reibungsloser Projektablauf läßt sich nur gewährleisten, wenn die Schnittstelle zwischen dem Fach- und Projektbereich z. B. durch Arbeitspaket-Unterlagen klar definiert ist /vgl. Madauss 84, S. 103/. Die Matrix-Organisation wird aber nicht verhindern können, daß Konflikte zwischen den Projekt- und Fachbereichen auch weiterhin auftreten werden.

Die Zuordnung neuer Verantwortlichkeiten muß den aktuellen Stand der im jeweiligen Bereich bereits laufenden Projekte (analysiert in 3.3) berücksichtigen, um eine Überlastung der Projektmitglieder zu vermeiden.

Beteiligte

- Projektteam
- Abstimmungs- und Entscheidungsgremium

Beziehungen zu anderen Aufgaben

Beziehung zu		Art der Beziehung		
Aufgabe	Notation	Input-Lieferant	Output-Empfänger	wechselseitige Abstimmung
Erhebung der aktuellen IKS-Projekte	3.3	☒		
Erstellung des IKS-Zielportfolios	5.6	☒		

Dokumentation

- Zuordnung der verschiedenen Projektverantwortlichkeiten zu einzelnen Personen der Fachabteilung bzw. der IV-Funktion

Aufstellung des Terminplans	Nr.: 6.3

Ziel

Vorgabe des einzuhaltenen zeitlichen Rahmens für jedes IKS-Projekt bzw. jede IKS-Projektgruppe

Beschreibung

Neben den personellen Verantwortlichkeiten sollte ein Maßnahmenkatalog zur Umsetzung der ausgewählten Strategien einen Terminplan mit der Festlegung der zeitlichen Prioritäten enthalten. Da zum Zeitpunkt der Maßnahmenplanung noch keine detaillierten Angaben über die spezifischen operativen Tätigkeiten existieren, kann sich die Terminplanung nur an den groben Projektschritten und Erfahrungswerten aus früheren IKS-Projekten orientieren. Allerdings müssen der jeweilige Projektstand sowie bestehende Zeitplanungen der laufenden IKS-Projekte (analysiert in 3.3) berücksichtigt werden.

Nach Abschluß der Projektdetailplanung können geeignete Planungsmethoden (z. B. die Netzplantechnik) für die genaue Terminplanung zum Einsatz kommen.

Beteiligte

- Projektteam
- Projektleiter

Beziehungen zu anderen Aufgaben

Beziehung zu		Art der Beziehung		
Aufgabe	Notation	Input-Lieferant	Output-Empfänger	wechselseitige Abstimmung
Erhebung der aktuellen IKS-Projekte	3.3	☒		
Erstellung des IKS-Zielportfolios	5.6	☒		
Festlegung des Budgets	6.4		☒	

Dokumentation

- Terminplan für jedes IKS-Projekt bzw. jede IKS-Projektgruppe

Ziel

Vorgabe eines finanziellen Rahmens für jedes IKS-Projekt bzw. jede IKS-Projektgruppe und Erstellung eines Gesamtbudgets für die Realisation des IKS-Zielportfolios

Beschreibung

Basierend auf den zeitlichen Vorgaben (6.3) ist es erforderlich, das zur Realisierung der geplanten Maßnahmen notwendige Budget festzulegen und den betroffenen Unternehmensbereichen zuzuordnen. Dabei muß eine systematische Kostenschätzung in Abstimmung mit dem Gesamtfinanzierungsplan durchgeführt werden. Für eine qualifizierte Schätzung können Erfahrungswerte aus abgeschlossenen und laufenden Projekten (analysiert in 3.3) sowie entsprechende Informationen aus der Bewertung der IKS-Projektvorschläge - insbesondere hinsichtlich ihrer Leistungsstärke (analysiert in 5.1) - hinzugezogen werden.

In der Phase der Entwicklung eines Maßnahmenkatalogs existieren in der Regel keine oder nur unvollständige Planungsunterlagen, wodurch eine detaillierte Kostenschätzung nicht möglich ist. Erste Kostenvorstellungen über die Höhe des Projektbudgets werden daher auf der Basis von Expertenurteilen oder Erfahrungswerten getroffen. Zu Beginn der Konzeptphase des Projektes sind dann parametrische Schätzmethoden, wie statistische Verfahren, mathematische Modelle oder Cost Estimating Relationships (CER), anzuwenden /vgl. Madauss 84, S. 247/.

Sind die einzelnen finanziellen Vorgaben je IKS-Projekt bzw. -Projektgruppe ermittelt, so ist durch Verdichtung der Einzelpläne das Gesamtbudget für die Realisation des IKS-Zielportfolios aufzustellen.

Die Vorgabe des finanziellen Rahmens der Projekte sollte in Zusammenarbeit zwischen dem Projektteam und dem vorgesehenen Projektleiter durchgeführt werden. Die gesamte Planung des Budgets für die Realisierung des IKS-Zielportfolios ist abschließend vom Abstimmungs- und Entscheidungsgremium zu genehmigen.

Beteiligte

- Projektteam
- Projektleiter
- Abstimmungs- und Entscheidungsgremium

Beziehungen zu anderen Aufgaben

Beziehung zu		Art der Beziehung		
Aufgabe	Notation	Input-Lieferant	Output-Empfänger	wechselseitige Abstimmung
Erhebung der aktuellen IKS-Projekte	3.3	☒		
Bewertung der IKS-Projektvorschläge und der laufenden IKS-Projekte	5.1	☒		
Erstellung des IKS-Zielportfolios	5.6	☒		
Aufstellung des Terminplans	6.3	☒		

Dokumentation

- Budget für jedes IKS-Projekt bzw. jede IKS-Projektgruppe
- Gesamtbudget für das IKS-Zielportfolio

Ziel

Vorgabe von Methoden zur Sicherstellung einer einheitlichen Vorgehensweise bei der Durchführung der verschiedenen IKS-Projekte bzw. -Projektgruppen

Beschreibung

Aufgrund der Komplexität der zu gestaltenden Informations- und Kommunikationssysteme besteht ein Bedarf nach Unterstützung der Projektabwicklung durch geeignete Methoden und Techniken. Die Zahl der verfügbaren Projektmanagement-Methoden, die eine Vorgehensweise zur Lösung spezifischer Projektprobleme regeln, hat stark zugenommen.

Im Vordergrund des Methodeneinsatzes stehen Aspekte der Verbesserung der Transparenz, der Komplexitätsbeherrschung, der Standardisierung, Dokumentation, projektinternen und -externen Kommunikation sowie der Hebung der Qualität der Projektergebnisse. Als sekundäres Ziel werden ferner das Verkürzen von Entwicklungszeiten und das Senken der Projektkosten angesehen /vgl. Bauermann 86, S. 62/.

Insbesondere im Falle größerer Projekte sind an der Entscheidung über den Einsatz entsprechender Projektmanagement-Methoden

- neben dem Projektteam
- der verantwortliche Projektleiter und
- Mitarbeiter der mit der Definition von Standards und der Überwachung ihrer Einhaltung befaßten Organisationseinheit

zu beteiligen. Je umfangreicher und bedeutender ein Projekt eingeschätzt wird, desto weniger sollte die Wahl geeigneter Methoden allein den Mitgliedern des Projektteams überlassen werden, denn nicht zuletzt wird die Kommunikation mit dem kontrollierenden und koordinierenden Management durch geeignete Methoden unterstützt.

Zu den wichtigsten Projekt-Planungsmethoden zählen:

- Der Projektstrukturplan als Instrument zur Strukturierung nach Segmenten, Funktionen, Phasen etc., um die erforderliche Transparenz zur Planung und Ablaufkontrolle des Vorhabens sicherzustellen. Er dient in erster Linie der Gliederung der technisch/administrativen Planungsunterlagen, der Projektfortschrittskontrolle, der Dokumentationsgliederung und der Berichterstattung /vgl. Madauss 84, S. 177 ff./.

- Das Arbeitspaket als eine in sich geschlossene Arbeitsmenge, die von einer organisatorischen Einheit selbständig bearbeitet wird /vgl. Pfeiffer 86, S. 208/. Die Summe aller Arbeitspakete stellt den gesamten Leistungsumfang des Projektes dar. Alle Pakete eines Projektes lassen sich nach ihrer sachlogischen Verknüpfung zum Ablaufplan des Projektes zusammenstellen.

- Termin- und Ablaufpläne auf der Basis von

  - Meilensteinplänen mit definierten Ergebnissen in einem Projekt, die zu bestimmten Zeitpunkten fertiggestellt sein sollten, wodurch die Terminsituation während des Projektablaufs transparent wird;

  - Balkenplänen zur Darstellung der Projektabläufe in ihrem zeitlichen Verlauf;

  - Netzplänen zur übersichtlichen Abbildung der Struktur des Projektes. Mit Hilfe eines Netzplanes wird auf der Basis der Aufwandsabschätzung einzelner Arbeitspakete und der zur Verfügung stehenden Kapazität, der Termin der Arbeitspakete und der Projektendtermin errechnet /vgl. z. B. Groh/Gutsch 82/.

- Kosten- und Einsatzmittelpläne für jede Ebene des Projektstrukturplans.

- Phasenorganisation zur Unterteilung des Gestaltungsprozesses in eine geordnete Folge von Phasen und Projektschritten.

- Dokumentationsmanagement zur Aufnahme jedes Projektdokumentes in die Dokumentation sowie schnelles und gezieltes Wiederauffinden.

Die meisten der genannten Projektplanungsmethoden werden heute durch Projektmanagement-Systeme (PMS) DV-technisch unterstützt.

Beteiligte

- Projektteam
- Projektleiter
- Mitarbeiter aus dem Bereich "Anwendungsentwicklung - Standards"

Festlegung der Methoden	Nr.: 6.5

Beziehungen zu anderen Aufgaben

Beziehung zu		Art der Beziehung		
Aufgabe	Notation	Input-Lieferant	Output-Empfänger	wechselseitige Abstimmung
Erstellung des IKS-Zielportfolios	5.6	☒		

Dokumentation

- Vereinbarung über die je IKS-Projekt bzw. -Projektgruppe einzusetzenden Methoden und Techniken

4. Zeitplan der strategieorientierten IKS-Planung

Wie bereits bei der Beschreibung des Projekts der IKS-Planung (Abschnitt 2.5) ausgeführt, stellen die Aufgabenkomplexe

- Analyse der informationstechnischen Möglichkeiten (1) und
- Verbreitung des informationstechnischen Wissens im Unternehmen (2)

einen Teilbereich der Aufgabengesamtheit einer F&E-Einheit der IV-Funktion dar. Beide Aufgabenkomplexe beinhalten damit ständig wahrzunehmende Aufgaben.

Betrachtet man den zeitlichen Ablauf der strategieorientierten IKS-Planung, so beginnt dieser mit der

- Istaufnahme des IKS-Einsatzes des Unternehmens (3), führt über die
- Entwicklung potentieller IKS-Projekte (4) sowie die
- Definition des IKS-Sollzustandes (5) und endet mit der
- Erstellung des IKS-Plans (6).

Im folgenden sind für jede Aufgabe dieser vier Aufgabenkomplexe zeitliche Vorstellungen angegeben. Dies umfaßt eine Beschreibung der Berechnungsgrundlage und die Errechnung einzelner Zeitdauern anhand von Beispielwerten. Die Beispielwerte werden durch Schätzungen hinsichtlich der Anzahl von IKS-Untersuchungsobjekten, des Personaleinsatzes und sonstiger Größen ermittelt. Die Angaben der Berechnungsgrundlage werden zudem durch die Nennung von Einflußfaktoren relativiert.

Die letztlich genannten Angaben für die Dauer der Aufgabendurchführung können natürlich nicht als Vorgabe betrachtet werden. Sie sollen vielmehr eine Vorstellung über den zeitlichen Rahmen vermitteln, in dem die strategieorientierte IKS-Planung abläuft.

4.1 Zeitplan der Istaufnahme des IKS-Einsatzes im Unternehmen

Aufgabe		Berechnungsgrundlage	Beispiel	
Aufgabenbezeichnung	Nr.		Schätzung	Dauer der Aufgabendurchführung (in Tagen)
Erhebung des derzeitigen IKS-Einsatzes	3.1	0,5 - 1 Personentag (PT) je IKS (ohne IDV-Anwendung) abhängig von: - Anzahl und Umfang der eingesetzten IKS - Stand der IV-Infrastruktur - vorhandene Dokumentationen	25 Untersuchungsobjekte 5 Analytiker	3
Beurteilung des derzeitigen IKS-Einsatzes	3.2	0,5 PT für Schwachstellenanalyse je IKS 0,5 -1 PT je IKS für die Bewertung abhängig von: - Erhebungsmethode (Interview vs. Fragebogen) - Durchführung der Erhebung (Einzelanalyse vs. Workshop)	25 Untersuchungsobjekte 5 Analytiker	6
Erhebung der aktuellen IKS-Projekte	3.3	0,5 - 1 PT je IKS-Projekt abhängig von: - Anzahl und Umfang der IKS-Projekte - vorhandene Projektdokumentationen	8 Untersuchungsobjekte 5 Analytiker	1
Summe				**10**

4.2 Zeitplan der Entwicklung potentieller IKS-Projekte

Aufgabe		Berechnungsgrundlage	Beispiel	
Aufgabenbezeichnung	**Nr.**		**Schätzung**	**Dauer der Aufgabendurchführung (in Tagen)**
Ermittlung der kritischen Erfolgsfaktoren	4.1	0,5 PT je Interview (inkl. Vor- und Nachbereitung) zur KEF-Identifikation 1 Tag für Workshop zur Verdichtung der ermittelten KEF 0,5 PT je Interview zur Ermittlung der KEF-Indikatoren und des Informationsbedarfs abhängig von: - Anzahl der zu interviewenden Personen	50 zu interviewende Personen 5 Analytiker	11
Erstellung der Informationsarchitektur	4.2	0,5 - 1 PT je dargestelltem Zusammenhang für Erstellung, Abstimmung und Dokumentation abhängig von: - Umfang der IA - technischer Unterstützung (z. B. durch DD)	20 zu erstellende Matrizen, Übersichten u. ä. 5 Analytiker	2,5
Generierung von IKS-Projektvorschlägen durch die Unternehmensleitung	4.3	Durchführung eines Workshops	2-tägiger Workshop	2
Generierung von IKS-Projektvorschlägen durch das Management	4.4	Durchführung eines Workshops	5 eintägige Workshops 5 Moderatoren	5
Summe				**20,5**

4.3 Zeitplan der Definition des IKS-Sollzustandes

Aufgabe		Berechnungsgrundlage	Beispiel	
Aufgabenbezeichnung	**Nr.**		**Schätzung**	**Dauer der Aufgabendurchführung (in Tagen)**
Bewertung der IKS-Projektvorschläge und der laufenden IKS-Projekte	5.1	0,5 PT je Projektvorschlag abhängig von: - Anzahl der Projektvorschläge	120 Projektvorschläge 10 Analytiker	6
Analyse der Abhängigkeiten	5.2	Diskussion in mehreren halbtägigen Workshops abhängig von: - Interdependenzen der vorgeschlagenen Projekte	8 ½-tägige Workshops	4
Identifizierung der sofort zu realisierenden Projekte	5.3	0,1 PT je Projekt für die Analyse auf IDV-Eignung abhängig von: - Anzahl der zu untersuchenden Projekte	60 als IDV-geeignet erscheinende IKS-Projektvorschläge 3 Analytiker	2
Erstellung des IKS-Istportfolios	5.4	0,1 PT je Berechnung der Matrix-Position, Einordnung und Dokumentation abhängig von: - Anzahl der IKS-Objekte - technischer Unterstützung	50 IKS-Objekte 5 Analytiker	1
Beurteilung des IKS-Istportfolios	5.5	Durchführung eines Workshops	2-tägiger Workshop	2
Erstellung des IKS-Zielportfolios	5.6	Durchführung eines Workshops	2-tägiger Workshop	2
Summe				**17**

4.4 Zeitplan der Erstellung des IKS-Plans

Aufgabe		Berechnungsgrundlage	Beispiel	
Aufgabenbezeichnung	Nr.		Schätzung	Dauer der Aufgabendurchführung (in Tagen)
Aufstellung der Zielvorgaben	6.1	0,5 PT je Projekt für Vorbereitung, Aufstellung und Abstimmung abhängig von: - Anzahl der zu realisierenden Projekte	10 Projekte 5 Analytiker	1
Festlegung der Verantwortlichkeiten	6.2	0,5 PT je Projekt für Vorbereitung, Festlegung und Abstimmung abhängig von: - Anzahl der zu realisierenden Projekte	10 Projekte 5 Analytiker	1
Aufstellung des Terminplans	6.3	0,5 PT je Projekt für Aufstellung und Abstimmung abhängig von: - Anzahl der zu realisierenden Projekte	10 Projekte 5 Analytiker	1
Festlegung des Budgets	6.4	0,5 PT je Projekt für Aufstellung und Abstimmung abhängig von: - Anzahl der zu realisierenden Projekte	10 Projekte 5 Analytiker	1
Festlegung der Methoden	6.5	0,5 PT je Projekt für die Beurteilung der Einsatzmöglichkeiten abhängig von: - Anzahl der zu realisierenden Projekte	10 Projekte 5 Analytiker	1
Summe				**5**

Die Durchführung der vier genannten Aufgabenkomplexe der strategieorientierten Planung nimmt für die Beispielrechnung somit insgesamt 52,5 Tage in Anspruch.

Die umfangreichste Aufgabe mit 11 Tagen ist die

- Ermittlung der kritischen Erfolgsfaktoren (4.1).

Dieser Aufwand läßt sich im nächsten Planungszyklus durch den Rückgriff auf bestehende Dokumentationen reduzieren. Dies gilt auch für die

- Erhebung des derzeitigen IKS-Einsatzes (3.1) sowie die
- Erstellung der Informationsarchitektur (4.2).

Eine weitere wesentliche Verkürzung läßt sich durch eine Rechnerunterstützung des Planungsprozesses erzielen. Hierfür bieten sich insbesondere die Aufgaben der

- Erstellung der Informationsarchitektur (4.2) und die
- Erstellung des IKS-Istportfolios (5.5)

an.

Insgesamt ist zu bedenken, daß das Konzept der Erfahrungskurve auch für Planungsabläufe gilt. Je öfter eine strategieorientierte IKS-Planung im Unternehmen durchgeführt wird, umso besser ist das Zusammenspiel der verschiedenen beteiligten Personen und Gruppen. Kommt dann noch eine adäquate technische Unterstützung des Planungsablaufs hinzu, so läßt sich der sicher nicht unbeträchtliche Aufwand für eine solche Planung reduzieren und vor dem Hintergrund der gezeigten wettbewerbsstrategischen Bedeutung des Einsatzes von Informations- und Kommunikationssystemen im Unternehmen leicht rechtfertigen.

5. Rechnerunterstützung der strategieorientierten IKS-Planung

Die Rechnerunterstützung der strategieorientierten IKS-Planung erstreckt sich von einfachen Werkzeugen wie Texteditoren und Kalkulationsprogrammen bis hin zu anspruchsvollen Systemen wie Projektmanagement-Systemen oder Expertensystemen (XPS). Abbildung 50 zeigt die Möglichkeiten des Einsatzes rechnergestützter Werkzeuge für die Aufgaben der strategieorientierten IKS-Planung.

Werkzeugeinsatz in		Text-editor / DTP-System	Kalkulations-programme	Datenbank / Data Dictionary	Projektmanagement-Systeme	Experten-Systeme
Aufgabe	Nr.					
Analyse des IT-Gebrauchs durch Wettbewerber	1.1	•		•		•
Analyse der am Markt verfügbaren IT	1.2	•				•
Analyse des IT-Einflusses auf die Branche	1.3	•				•
Analyse des IT-Einflusses auf die Wettbewerbsfaktoren	1.4	•				•
Analyse der strategischen Rolle der IV im Unternehmen	1.5	•				
Analyse der IV-Durchdringung	1.6	•				
Ableitung des IT-Potentials	1.7	•				
Vermittlung des IT-Wissens an die Unternehmensleitung	2 1	•				
Vermittlung des IT-Wissens an das Management	2.2	•				
Erhebung des derzeitigen IKS-Einsatzes	3.1	•		•		
Beurteilung des derzeitigen IKS-Einsatzes	3.2	•	•			
Erhebung der aktuellen IKS-Projekte	3.3	•				

Abbildung 50: Rechnerunterstützung der Aufgaben der strategieorientierten IKS-Planung

Werkzeugeinsatz in		Text-editor / DTP-System	Kalku-lations-pro-gramme	Daten-bank / Data Dic-tionary	Projekt-manage-ment-Systeme	Ex-perten-Syste-me
Aufgabe	Nr.					
Ermittlung der kritischen Erfolgsfaktoren	4.1	•		●	●	•
Erstellung der Informationsarchitektur	4.2	●		●		
Generierung von IKS-Projektvorschlägen durch die Unternehmensleitung	4.3	•				
Generierung von IKS-Projektvorschlägen durch das Management	4.4	•				
Bewertung der IKS-Projektvorschläge und der laufenden IKS-Projekte	5.1	•	●			
Analyse der Abhängigkeiten	5.2	●		●		
Identifizierung der sofort zu realisierenden IKS-Projekte	5.3	•		●		
Erstellung des IKS-Istportfolios	5.4	•				•
Beurteilung des IKS-Istportfolios	5.5	•				●
Erstellung des IKS-Zielportfolios	5.6	•				
Aufstellung der Zielvorgaben	6.1	•				
Festlegung der Verantwortlichkeiten	6.2				●	
Aufstellung des Terminplans	6.3				●	
Festlegung des Budgets	6.4		●		●	
Festlegung der Methoden	6.5	•			•	

Abbildung 50 (Fortsetzung)

● Haupteinsatzbereich

• beschränkte Einsatzmöglichkeiten

Als einzige fast "durchgängige" Rechnerunterstützung wäre somit die Verwendung von Texteditoren oder DTP-Systemen anzusehen. Dies erklärt sich aus der Notwendigkeit, die Ergebnisse jeder Aufgabe schriftlich zu fixieren. Die Anwendung von Datenbanken bzw. Data Dictionary´s hat ihren Schwerpunkt bei den Aufgaben der Speicherung, Darstellung und Auswertung komplexer Zusammenhänge. Projektmanagement-Systeme finden vor allem bei der Erstellung des IKS-Plans Verwendung.

Letztlich kann jede Aufgabe mehr oder weniger unter Zuhilfenahme rechnergestützter Werkzeuge durchgeführt werden. Das Problem ist jedoch - ähnlich wie beim Software-Engineering - die mangelnde Integration der Werkzeuge. Hier zeichnet sich der Trend ab, daß Data Dictionary´s zunehmend dazu in der Lage sind, Vorgehensmodelle abzubilden und den Einsatz der verschiedenen Werkzeuge integrativ zu steuern /vgl. z. B. Dreesbach 88/.

Einsatzmöglichkeiten für Expertensysteme existieren zur Zeit vor allem für die frühen Analyseaufgaben. In den letzten Jahren ist in diesem Bereich eine Vielzahl von unterstützenden Tools entwickelt worden. Im folgenden werden einige dieser Systeme beschrieben.

- Die Integration unterschiedlicher Methoden zur strategischen Planung sowie die Verwendung unterschiedlicher Implementierungsumgebungen und Werkzeuge kennzeichnen das innerhalb des SIMS-Projektes (Strategic Information Management Support) erstellte System "Strategic Information Management Consultant (SIM/C)" /vgl. Gongla u. a. 88/. Das Ziel dieses Projektes war die Entwicklung eines wissensbasierten Systems, welches die Behandlung der strategischen Aspekte der IKS-Planung unterstützt. Dabei sollen die auf dem Gebiet der strategischen Planung vorhandenen Tools und Methoden in Form eines wissensbasierten Systems zur strategieorientierten IKS-Planung integriert werden. SIM/C ist sowohl in der Expert System Environment (ESE)-Umgebung von IBM als auch in PROLOG implementiert. Im einzelnen lassen sich bei diesem Expertensystem sechs Module für unterschiedliche Planungsaktivitäten unterscheiden:

  (1) Analyse der Wettbewerbskräfte

  In diesem Modul werden die Wettbewerbskräfte und deren Einfluß auf das Geschäft erklärt sowie die Unternehmensschwächen und -stärken bestimmt. Der implementierte Prototyp "FORCES" basiert auf den theoretischen Grundlagen von Porter /vgl. Porter 86; Porter 87/.

  (2) Analyse der Geschäftsstrategien

  Dieses Modul schlägt dem Benutzer bezüglich seiner Produkte oder Produktgruppen Geschäftsstrategien vor, die von Markt, Marktposition des Unternehmens, Produkt und Ressourcen abhängig sind. Die theoretische Grundlage für den entwickelten Prototyp "THE STRATEGIST" liefert der Portfolio-Ansatz. Implementiert wurde das System in PROLOG.

(3) Analyse der Möglichkeiten von Informationstechniken

Das Modul "S*P*A*R*K" soll den Anwender dahingehend unterstützen, daß er Möglichkeiten und Potentiale von unterschiedlichen Informations- und Kommunikationssystemen für das Unternehmensgeschäft erkennt. Es basiert auf dem Konzept des Kunden-Ressourcen-Lebens-Zyklus von Ives und Lermonth /vgl. Gongla u. a. 89/. Das Modul "KEwIE" (Knowledge-based Enterprise-wide Information Economics) hingegen liefert dem Benutzer Informationen zur Einschätzung und Bewertung der vorgeschlagenen Informationstechnik.

(4) Analyse der Geschäftsvorgänge

Dieses Modul unterstützt den Anwender in der Analyse der Geschäftsvorgänge. Es werden Potentiale im Bereich der Kostenvorteile und Produktdifferenzierung aufgezeigt.

(5) Analyse des Informationssystems

In diesem Modul werden die Effektivität und Wirksamkeit der im Unternehmen eingesetzten Informations- und Kommunikationssysteme bewertet. Die theoretischen Grundlagen des dafür entwickelten Prototyps "POSITION" beruhen auf Arbeiten von McFarlan, McKenny und Pyburn /vgl. McFarlan u. a. 83/.

(6) Analyse der Strategie der Informationstechnik

Dieses Modul unterstützt den Anwender in der Konzeption seiner individuellen Informationsstrategie und -architektur.

SIM/C zeichnet sich dadurch aus, daß der Versuch unternommen wurde, die komplexe Problematik der strategieorientierten Planung von Informations- und Kommunikationssystemen innerhalb eines integrierten Systems zu verwirklichen und für unterschiedliche Module problemspezifische Methoden und Implementierungstools zu verwenden.

- Bei einigen von Mockler entwickelten wissensbasierten Systemen /s. Mockler 89/ zur strategieorientierten IKS-Planung erfolgt eine explizite Einarbeitung des Konzeptes der kritischen Erfolgsfaktoren. Darauf aufbauend wurden unterschiedliche wissensbasierte Systeme entwickelt, die den Planer bei verschiedenen Aspekten der strategieorientierten IKS-Planung unterstützen.

Diese wissensbasierte Systeme bauen funktional und hierarchisch aufeinander auf und greifen teilweise auf gemeinsame Wissensbasen zu.

- "STRATEGIC PLANNING TUTORIAL" unterstützt die frühen Planungsaufgaben, indem erfolgsversprechende IKS-Einsatzbereiche identifiziert, Schlüsselfaktoren für den Erfolg bestimmt sowie Stärken und Schwächen der Wettbewerber analysiert und mit denen des eigenen Unternehmens verglichen werden.

- Der Prototyp "STRATEGY APPLICATION I" unterstützt die Festlegung der Bereiche, in denen das Unternehmen Wettbewerbsvorteile erzielen kann. Aufbauend auf diesem System wurden drei weitere Prototypen wissensbasierter Systeme (STRATEGIC PLANNER I - III) zur Unterstützung der strategischen Planung entwickelt.

  -- "STRATEGIC PLANNER I", implementiert auf der Basis der M.1-Expertensystem-Shell, unterstützt lediglich die Entwicklung der allgemeinen Strategierichtung.

  -- "STRATEGIC PLANNER II" bestimmt den Schwerpunkt der Unternehmensstrategie und zeigt spezifische Geschäftsfelder auf, die bei der Strategieentwicklung berücksichtigt werden müssen. Damit erfolgt eine explizite Einarbeitung des kritischen Erfolgsfaktoren-Ansatzes. Dieser Prototyp, wie auch sein Nachfolger, ist auf der Basis der GURU-Expertensystem-Shell implementiert.

  -- "STRATEGIC PLANNER III" unterstützt den Anwender bei der Planung von fünfjährigen Projektvorhaben. Die für diese Zwecke notwendige Informationsbasis wird den früheren, durch STRATEGIC PLANNER I und II unterstützten Planungsphasen entnommen. Das System ermittelt Rentabilität und Cash-flow der geplanten Projekte. Nach Eingabe der Investitionszahlen durch den Anwender ist die Kalkulation des RoI möglich.

Abschließend muß betont werden, daß sich der Einsatz von Expertensystemen im Bereich der strategieorientierten IKS-Planung derzeit noch im Versuchsstadium befindet. Obwohl die von Mockler und Gongla beschriebenen Prototypen und Modelle als vielversprechend angesehen werden, müssen sich derartige Systeme im praktischen Einsatz erst noch bewähren.

Anhang

Aufgabenübersicht: Analyse der informationstechnischen Möglichkeiten

Aufgabenkomplex 1		Ziel	Beteiligte
Aufgabe	Nr.		
Analyse des IT-Gebrauchs durch Wettbewerber	1.1	Erkennen des Gebrauchs der Informationstechnik durch konkurrierende Unternehmen	F&E-Einheit
Analyse der am Markt verfügbaren IT	1.2	Erkennen der Marktentwicklung für die Informationstechnik und Bewerten der Trends, die für das Unternehmensgeschäft von Bedeutung sein können	F&E-Einheit Externe Berater bzw. Informationsdienste
Analyse des IT-Einflusses auf die Branche	1.3	Aufzeigen der grundsätzlichen Veränderungen, die das Branchengeschäft durch informationstechnische Entwicklungen erfährt	F&E-Einheit Externe Berater
Analyse des IT-Einflusses auf die Wettbewerbsfaktoren	1.4	Aufzeigen der Beeinflussung der Wettbewerbsfaktoren durch die Entwicklung der Informationstechniken	F&E-Einheit Externe Berater
Analyse der strategischen Rolle der IV im Unternehmen	1.5	Erkennen der grundsätzlichen Rolle, die die Informationsverarbeitung aus Sicht der Unternehmensleitung für das Unternehmen spielt	F&E-Einheit Unternehmensleitung bzw. Gremium der wettbewerbsstrategischen Planung
Analyse der IV-Durchdringung	1.6	Erkennen der Position , in der sich die Informationsverarbeitung im Unternehmen aktuell befindet	F&E-Einheit
Ableitung des IT-Potentials	1.7	Erkennen des Potentials der verfügbaren Informationstechnik für die Unterstützung der Unternehmensaktivitäten	F&E-Einheit Gremium der wettbewerbsstrategischen Planung Externe Berater

Aufgabenübersicht: Verbreitung des informationstechnischen Wissens im Unternehmen

Aufgabenkomplex 2		Ziel	Beteiligte
Aufgabe	Nr.		
Vermittlung des IT-Wissens an die Unternehmensleitung	2.1	Transfer des Wissens über aktuelle und künftige informationstechnische Produkte und Dienstleistungen an die Unternehmensleitung	Unternehmensleitung bzw. Gremium der wettbewerbsstrategischen Planung F&E-Einheit bzw. Leiter der IV-Funktion
Vermittlung des IT-Wissens an das Management	2.2	Transfer des Wissens über aktuelle und künftige informationstechnische Produkte und Dienstleistungen an das Management der Fachabteilungen	Management der Fachabteilungen F&E-Einheit

Aufgabenübersicht: Istaufnahme des IKS-Einsatzes im Unternehmen

Aufgabenkomplex 3		Ziel	Beteiligte
Aufgabe	Nr.		
Erhebung des derzeitigen IKS-Einsatzes	3.1	Erfassung und Beschreibung aller im Unternehmen aktuell eingesetzten Informations- und Kommunikationssysteme	Projektteam Personal der IV-Funktion Management der Fachabteilungen
Beurteilung des derzeitigen IKS-Einsatzes	3.2	Beurteilung der Leistungsfähigkeit und Ermittlung von Schwachstellen der aktuell eingesetzten Informations- und Kommunikationssysteme	Projektteam Gremium der wettbewerbsstrategischen Planung Management der Fachabteilungen sonstige IKS-Nutzer der Fachabteilungen
Erhebung der aktuellen IKS-Projekte	3.3	Erfassung und Beschreibung der im Unternehmen aktuell durchgeführten IKS-Projekte	Projektteam IV-Personal Management der Fachabteilungen

Aufgabenübersicht: Entwicklung potentieller IKS-Projekte

Aufgabenkomplex 4		Ziel	Beteiligte
Aufgabe	Nr.		
Ermittlung der kritischen Erfolgsfaktoren	4.1	Ableitung des Informationsbedarfs für die wettbewerbsrelevanten Aktivitäten	Unternehmensleitung Management der Fachabteilungen Projektteam Externe Berater
Erstellung der Informationsarchitektur	4.2	Erstellung einer Informationsarchitektur als Modell der Zusammenhänge zwischen verschiedenen informationellen Ressourcen des Unternehmens	Projektteam Management der Fachabteilungen
Generierung von IKS-Projektvorschlägen durch die Unternehmensleitung	4.3	Bildung eines Pools potentieller IKS-Projekte	Unternehmensleitung bzw. Gremium der wettbewerbsstrategischen Planung Leiter der IV-Funktion Leiter des ÜAT Abstimmungs- und Entscheidungsgremium Externe Berater
Generierung von IKS-Projektvorschlägen durch das Management	4.4	Bildung eines Pools potentieller IKS-Projekte	Management der Fachabteilungen Projektteam

Aufgabenübersicht: Definition des IKS-Sollzustandes

Aufgabenkomplex 5		Ziel	Beteiligte
Aufgabe	Nr.		
Bewertung der IKS-Projektvorschläge und der laufenden IKS-Projekte	5.1	Bewertung der IKS-Projektvorschläge und der laufenden IKS-Projekte durch Beurteilung ihrer Leistungsfähigkeit und wettbewerbsstrategischen Bedeutung; Bewertung des derzeitigen IKS-Einsatzes hinsichtlich seiner wettbewerbsstrategischen Bedeutung	Projektteam ÜAT Management der Fachabteilungen
Analyse der Abhängigkeiten	5.2	Zusammenfassung interdependenter IKS-Projektvorschläge zu potentiellen Projektgruppen	ÜAT Spezialisten Externe (Anbieter, Anwender)
Identifizierung der sofort zu realisierenden IKS-Projekte	5.3	Erkennen derjenigen IKS-Projektvorschläge, die mit geringem Aufwand sofort realisiert werden können	Projektteam ÜAT Management der Fachabteilungen / Nutzer
Erstellung des IKS-Istportfolios	5.4	Darstellung der Leistungsfähigkeit und der wettbewerbsstrategischen Bedeutung der aktuell eingesetzten IKS, der laufenden IKS-Projekte und der vorgeschlagenen IKS-Projekte bzw. -Projektgruppen	Projektteam
Beurteilung des IKS-Istportfolios	5.5	Ableitung von Handlungsempfehlungen in Abhängigkeit von den Positionen, die die einzelnen IKS-Objekte in der Matrix des IKS-Istportfolios einnehmen	ÜAT Projektteam
Erstellung des IKS-Zielportfolios	5.6	Definition derjenigen aktuell eingesetzten IKS sowie der IKS-Projekte und -Projektgruppen, die als Bestandteil des IKS-Zielportfolios zu realisieren sind	Projektteam ÜAT Abstimmungs- und Entscheidungsgremium Unternehmensleitung

Aufgabenübersicht: Erstellung des IKS-Plans

Aufgabenkomplex 6		Ziel	Beteiligte
Aufgabe	Nr.		
Aufstellung der Zielvorgaben	6.1	Vorgabe der Ziele für jedes zu realisierende IKS-Projekt bzw. jede IKS-Projektgruppe	Projektteam ÜAT Management der Fachabteilungen
Festlegung der Verantwortlichkeiten	6.2	Festlegung der für die Durchführung der einzelnen IKS-Projekte und -Projektgruppen verantwortlichen Personen	Projektteam Abstimmungs- und Entscheidungsgremium
Aufstellung des Terminplans	6.3	Vorgabe des einzuhaltenden zeitlichen Rahmens für jedes IKS-Projekt bzw. jede IKS-Projektgruppe	Projektteam Projektleiter
Festlegung des Budgets	6.4	Vorgabe eines finanziellen Rahmens für jedes IKS-Projekt bzw. jede IKS-Projektgruppe und Erstellung eines Gesamtbudgets für die Realisation des IKS-Zielportfolios	Projektteam Projektleiter Abstimmungs- und Entscheidungsgremium
Festlegung der Methoden	6.5	Vorgabe von Methoden zur Sicherstellung einer einheitlichen Vorgehensweise bei der Durchführung der verschiedenen IKS-Projekte bzw. -Projektgruppen	Projektteam Projektleiter Mitarbeiter aus dem Bereich "Anwendungsentwicklung - Standards"

Beziehungen der Aufgaben untereinander

Outputempfänger ⟶		1.1	1.2	1.3	1.4	1.5	1.6	1.7	2.1	2.2
Input-Lieferant	**Nr.**									
Analyse des IT-Gebrauchs durch Wettbewerber	1.1	—	●	●				●	●	
Analyse der am Markt verfügbaren IT	1.2		—	●	●					●
Analyse des IT-Einflusses auf d. Branche	1.3			—				●	●	
Analyse des IT-Einflusses auf die Wettbewerbsfaktoren	1.4				—			●	●	
Analyse d. strategischen Rolle der IV im U.	1.5					—		●		
Analyse der IV-Durchdringung	1.6						—	●		
Ableitung des IT-Potentials	1.7							—	●	
Vermittlung des IT-Wissens an die Unternehmensleitung	2.1								—	
Vermittlg. d. IT-Wissens an d. Managemt.	2.2									—
Erhebung des derzeitigen IKS-Einsatzes	3.1									
Beurteilg. des derzeitigen IKS-Einsatzes	3.2									
Erhebung der aktuellen IKS-Projekte	3.3									
Ermittlung der KEF	4.1									
Erstellung der Informationsarchitektur	4.2									
Generierung von IKS-Projektvorschlägen durch die Unternehmensleitung	4.3									
Generierung von IKS-Projektvorschlägen durch das Management	4.4									
Bewertung der IKS-Projektvorschläge und der laufenden IKS-Projekte	5.1									
Analyse der Abhängigkeiten	5.2									
Identifizierg. d. sofort zu real. IKS-Projekte	5.3									
Erstellung des IKS-Istportfolios	5.4									
Beurteilung des IKS-Istportfolios	5.5									
Erstellung des IKS-Zielportfolios	5.6									
Aufstellung der Zielvorgaben	6.1									
Festlegung der Verantwortlichkeiten	6.2									
Aufstellung des Terminplans	6.3									
Festlegung des Budgets	6.4									
Festlegung der Methoden	6.5									

Outputempfänger ⟶		3.1	3.2	3.3	4.1	4.2	4.3	4.4	5.1	5.2
Input-Lieferant	Nr.									
Analyse des IT-Gebrauchs durch Wettbewerber	1.1									
Analyse der am Markt verfügbaren IT	1.2									
Analyse des IT-Einflusses auf d. Branche	1.3									
Analyse des IT-Einflusses auf die Wettbewerbsfaktoren	1.4									
Analyse d. strategischen Rolle der IV im U.	1.5									
Analyse der IV-Durchdringung	1.6									
Ableitung des IT-Potentials	1.7									
Vermittlung des IT-Wissens an die Unternehmensleitung	2.1						•			
Vermittlg. d. IT-Wissens an d. Managemt.	2.2							•		
Erhebung des derzeitigen IKS-Einsatzes	3.1	—	•			•			•	
Beurteilg. des derzeitigen IKS-Einsatzes	3.2		—				•	•		
Erhebung der aktuellen IKS-Projekte	3.3			—		•			•	•
Ermittlung der KEF	4.1				—	•	•	•	•	
Erstellung der Informationsarchitektur	4.2					—	•	•		•
Generierung von IKS-Projektvorschlägen durch die Unternehmensleitung	4.3						—		•	•
Generierung von IKS-Projektvorschlägen durch das Management	4.4							—	•	•
Bewertung der IKS-Projektvorschläge und der laufenden IKS-Projekte	5.1								—	•
Analyse der Abhängigkeiten	5.2									—
Identifizierung der sofort zu realisierenden IKS-Projekte	5.3									
Erstellung des IKS-Istportfolios	5.4									
Beurteilung des IKS-Istportfolios	5.5									
Erstellung des IKS-Zielportfolios	5.6									
Aufstellung der Zielvorgaben	6.1									
Festlegung der Verantwortlichkeiten	6.2									
Aufstellung des Terminplans	6.3									
Festlegung des Budgets	6.4									
Festlegung der Methoden	6.5									

Input-Lieferant (Outputempfänger →)	Nr.	5.3	5.4	5.5	5.6	6.1	6.2	6.3	6.4	6.5
Analyse des IT-Gebrauchs durch Wettbewerber	1.1									
Analyse der am Markt verfügbaren IT	1.2									
Analyse des IT-Einflusses auf d. Branche	1.3									
Analyse des IT-Einflusses auf die Wettbewerbsfaktoren	1.4									
Analyse d. strategischen Rolle der IV im U.	1.5									
Analyse der IV-Durchdringung	1.6									
Ableitung des IT-Potentials	1.7									
Vermittlung des IT-Wissens an die Unternehmensleitung	2.1									
Vermittlg. d. IT-Wissens an d. Managemt.	2.2									
Erhebung des derzeitigen IKS-Einsatzes	3.1									
Beurteilg. des derzeitigen IKS-Einsatzes	3.2		●							
Erhebung der aktuellen IKS-Projekte	3.3						●	●	●	
Ermittlung der KEF	4.1									
Erstellung der Informationsarchitektur	4.2									
Generierung von IKS-Projektvorschlägen durch die Unternehmensleitung	4.3									
Generierung von IKS-Projektvorschlägen durch das Management	4.4									
Bewertung der IKS-Projektvorschläge und der laufenden IKS-Projekte	5.1	●	●						●	
Analyse der Abhängigkeiten	5.2	●	●							
Identifizierung der sofort zu realisierenden IKS-Projekte	5.3	—								
Erstellung des IKS-Istportfolios	5.4		—	●						
Beurteilung des IKS-Istportfolios	5.5			—	●					
Erstellung des IKS-Zielportfolios	5.6				—	●	●	●	●	●
Aufstellung der Zielvorgaben	6.1					—				
Festlegung der Verantwortlichkeiten	6.2						—			
Aufstellung des Terminplans	6.3							—	●	
Festlegung des Budgets	6.4								—	
Festlegung der Methoden	6.5									—

Übersicht der an den Aufgaben Beteiligten

Beteiligte →		F&E	Ul/ G	Mgt.	PT	Ü A T
Input-Lieferant	Nr.					
Analyse des IT-Gebrauchs durch Wettbewerber	1.1	●				
Analyse der am Markt verfügbaren IT	1.2	●				
Analyse d. IT-Einflusses auf d. Branche	1.3	●				
Analyse d. IT-Einflusses auf d. Wettbewerbsfaktoren	1.4	●				
Analyse d. strategischen Rolle der IV im Unternehmen	1.5	●	●			
Analyse der IV-Durchdringung	1.6	●				
Ableitung des IT-Potentials	1.7	●	●			
Vermittlung d. IT-Wissens an d. Unternehmensleitung	2.1	●	●			
Vermittlg. d. IT-Wissens an das Management	2.2	●		●		
Erhebung des derzeitigen IKS-Einsatzes	3.1			●	●	
Beurteilg. des derzeitigen IKS-Einsatzes	3.2		●	●	●	
Erhebung der aktuellen IKS-Projekte	3.3			●	●	
Ermittlung der KEF	4.1		●	●	●	
Erstellung der Informationsarchitektur	4.2			●	●	
Generierung v. IKS-Projektvorschlägen durch d. Ul	4.3		●			●
Generierung v. IKS-Projektvorschlägen durch d. Mgt.	4.4			●	●	
Bewertung d. IKS-Projektvorschläge u. d. lfd. Projekte	5.1			●	●	●
Analyse der Abhängigkeiten	5.2					●
Identifizierung d. sofort zu realisierenden IKS-Projekte	5.3			●	●	●
Erstellung des IKS-Istportfolios	5.4				●	●
Beurteilung des IKS-Istportfolios	5.5		●		●	●
Erstellung des IKS-Zielportfolios	5.6		●		●	●
Aufstellung der Zielvorgaben	6.1			●	●	●
Festlegung der Verantwortlichkeiten	6.2				●	
Aufstellung des Terminplans	6.3				●	
Festlegung des Budgets	6.4				●	
Festlegung der Methoden	6.5				●	

F&E F&E-Einheit der IV-Funktion
Ul/G Unternehmensleitung bzw. Gremium der wettbewerbsstrategischen Planung
Mgt. Management der Fachabteilungen
PT Projektteam
ÜAT Übergreifendes Analyseteam

Beteiligte →		AEG	IV	Pl	Ex
Input-Lieferant	Nr.				
Analyse des IT-Gebrauchs durch Wettbewerber	1.1				
Analyse der am Markt verfügbaren IT	1.2				●
Analyse d. IT-Einflusses auf d. Branche	1.3				●
Analyse d. IT-Einflusses auf d. Wettbewerbsfaktoren	1.4				●
Analyse d. strategischen Rolle der IV im Unternehmen	1.5				
Analyse der IV-Durchdringung	1.6				
Ableitung des IT-Potentials	1.7				●
Vermittlung d. IT-Wissens an d. Unternehmensleitung	2.1		●		
Vermittlg. d. IT Wissens an das Managemt.	2.2				
Erhebung des derzeitigen IKS-Einsatzes	3.1		●		
Beurteilg. des derzeitigen IKS-Einsatzes	3.2				
Erhebung der aktuellen IKS-Projekte	3.3		●		
Ermittlung der KEF	4.1				●
Erstellung der Informationsarchitektur	4.2				
Generierung v. IKS-Projektvorschlägen durch d. Ul	4.3	●			●
Generierung v. IKS-Projektvorschlägen durch d. Mgt.	4.4				
Bewertung d. IKS-Projektvorschläge u. d. lfd. Projekte	5.1				
Analyse der Abhängigkeiten	5.2		●		●
Identifizierung d. sofort zu realisierenden IKS-Projekte	5.3				
Erstellung des IKS-Istportfolios	5.4				
Beurteilung des IKS-Istportfolios	5.5				
Erstellung des IKS-Zielportfolios	5.6	●			
Aufstellung der Zielvorgaben	6.1				
Festlegung der Verantwortlichkeiten	6.2	●			
Aufstellung des Terminplans	6.3			●	
Festlegung des Budgets	6.4	●		●	
Festlegung der Methoden	6.5		●	●	

AEG Abstimmungs- und Entscheidungsgremium
IV Sonstiges Personal der IV-Funktion
Pl Projektleiter der zu realisierenden IKS-Projekte
Ex Externe

Verzeichnis der Abkürzungen

BIKOS	Büroinformations- und -kommunikationssystem
BSP	Business Systems Planning
BT	Bürotechnik
CAD	Computer Aided Design
CAE	Computer Aided Engineering
CAM	Computer Aided Manufacturing
CAN	Car Area Network
CASE	Computer Aided Software Engineering
CER	Cost Estimating Relationships
CIM	Computer Integrated Manufacturing
CPU	Central Processing Unit
CSF	Critical Success Factor
DD	Data Dictionary
DIN	Deutsches Institut für Normung
DOS	Disk Operating System
DTP	Desktop Publishing
DV	Datenverarbeitung
ESE	Expert System Environement
EUS	Entscheidungs-Unterstützungs-System
F&E	Forschung und Entwicklung
FFS	Flexibles Fertigungssystem
IA	Informationsarchitektur
IDV	Individuelle Datenverarbeitung
IKS	Informations- und Kommunikationssystem
IRP	Informations-Ressourcen-Planung
ISDN	Integrated Services Digital Network
IT	Informationstechnik
IV	Informationsverarbeitung
KEF	Kritischer Erfolgsfaktor
KSS	Kommunikations-System-Studie
MAP	Manufacturing Automation Protocol
MDT	Mittlere Datentechnik
MIS	Management-Informations-System
NT	Nachrichtentechnik
OE	Organisationsentwicklung
Org/DV	Organisation/Datenverarbeitung
OSI	Open Systems Interconnection

PC	Personal Computer
PIMS	Profit Impact of Marketing Strategies
PMS	Projektmanagement-System
PPS	Produktionsplanung und -steuerung
PT	Personentag
RoI	Return on Investment
SIM/C	Strategic Information Management Consultant
SIMS	Strategic Information Management Support
TOP	Technical Office Protocol
ÜAT	Übergreifendes Analyseteam
UDM	Unternehmensdatenmodell
XPS	Expertensystem

Verzeichnis der Abbildungen

Literaturverzeichnis

CIM	CIM Management
HBR	Harvard Business Review
HMan	Harvard Manager
IM	Information Management
MIS	MIS Quarterly
OM	Office Management
SMR	Sloan Management Review
ZFB	Zeitschrift für Betriebswirtschaft

Anthony u. a. 72 — Anthony, R. N.; Dearden, J.; Vancil, R. F.: Key Economic Variables. - In: Management Controls Sytems. Homewood 1972

Bauermann 86 — Bauermann, Ralf: Anwendungsprobleme organisatorischer und softwaretechnologischer Methoden - Ergebnisse einer explorativen Studie. - In: Krüger, W. (Hrsg.): Projektmanagement in der Krise: Probleme und Lösungsansätze. Frankfurt/M.-Bern 1986, S. 51 - 140

Benjamin u. a. 84 — Benjamin, Robert J.; Rockart, John F.; Morton, Michael S. Scott; Wyman, John: Informations technology: A strategic opportunity. - In: SMR (1984) Spring, S. 3 - 10

Bleicher 86 — Bleicher, Knut: Strukturen und Kulturen der Organisation im Umbruch: Herausforderung für den Organisator. - In: Zeitschrift Führung + Organisation (1986) 2, S. 97 - 108

Bronsema/Keen 83 — Bronsema, Gloria S.; Keen, Peter G. W.: Education Intervention in MIS. - In: SMR (1983) Summer, S. 35 - 43

Bühner 88 — Bühner, Rolf: Technologieorientierung als Wettbewerbsstrategie. - In: Zeitschrift für betriebswirtschaftliche Forschung (1988) 5, S. 387 - 406

Bullen/Rockart 81 — Bullen, Christine V.; Rockart, John F.: A Primer on Critical Success Factors. Massachusetts Institute of Technology, Center for Information Systems Research, Sloan WP No. 1220-81 (CISR No. 69) June 1981

Bullinger 86	Bullinger, Hans-Jörg: Wettbewerbsvorteile durch Informationsmanagement. - In: Warnecke, H. J.; Bullinger, H.-J. (Hrsg.): Informationsmanagement für die Praxis, Büroforum '86. Berlin u. a. 1986, S. 55 - 122
Busch 85	Busch, Ulrich: Produktivitätsanalyse. Wege zur Steigerung der Wirtschaftlichkeit - eine Anleitung für Organisation, Controlling und Unternehmensberatung. Berlin 1985
Cash/Konsynski 85	Cash, James I. Jr.; Konsynski, Benn R.: IS redraws competitive boundaries. - In: HBR (1985) March/April, S. 134 - 142
Charlier 88	Charlier, Michael: Umbruch: Neue Drucktechniken. - In: Computer Magazin und Software Magazin (1988) 7/8, S. 26 - 29
CW 84	o. V.: Gesteuerter Wildwuchs. - In: Computer-Woche (1984) 12, S. 5/6
Daniel 61	Daniel, R. D.: Management information crisis. - In: HBR (1961) September/October, S. 111 - 121
Diebold 83	o.V.: Research in Progress: The information resource, 1982-83. New York: The Diebold Group, September 1983, Management Implication Series 216M
Diebold 87	Diebold, John: Using information technology as a competitive weapon - strategies and action steps. - In: Wirtschaftswoche/Gesellschaft für Wirtschaftspublizistik GWPmbH und Diebold Deutschland GmbH (Hrsg.): Dokumentation zum Internationalen Symposium "Strategische Waffe Informationstechnik". Frankfurt/M. 1987, S. 33 - 46
Doll 87	Doll, William J.: Encouraging user management participation in systems design. - In: Information & Management (1987) 13, S. 25 - 32
Doll/Ahmed 83	Doll, William J.; Ahmed, Mesbah U.: Managing user expectations. - In: Journal of Systems Management (1983) June, S. 6 - 11
Dreesbach 88	Dreesbach, Werner: ROPASS - Das Vorgehensmodell IFAPASS, computergestützt mit ROCHADE auf der Basis der Komponente AUTOPILOT. - In: ROCHADE, Dokumentation des Benutzertreffens 1988 in München, R&O Software-Technik, S. 369 - 399
Dreger 75	Dreger, Wolfgang: Projekt-Management. Wiesbaden-Berlin 1975

Dullien 76	Dullien, M.: Projektmanagement und Matrixorganisation. - In: Heuer, G.; Schub, A. (Hrsg.): Projekt-Management. Berichte von der Fachtagung der DGOR und DIB 1974, Frankfurt/M. 1976, S. 9 - 20
Earl 86	Earl, Michael J.: Formulation of information systems (IS) strategies - a practical framework. - In: Pat M. Griffiths (Hrsg.): Information management. Oxford-New York-Toronto-Sydney-Beijing-Frankfurt 1986. State of the Art Report 14:7, S. 21 - 36
Earl 89	Earl, Michael J.: Management strategies for information technology. New York-London-Toronto-Sydney-Tokyo 1989
Eckes/Roßbach 80	Eckes, Thomas; Roßbach, Helmut: Clusteranalysen. Stuttgart-Berlin-Köln-Mainz 1980
Eiff 89	Eiff, Wilfried von: CIM-orientiertes Informations-Management. - In: CIM (1989) 5, S. 63 - 74
Eisenhofer 88	Eisenhofer, A.: Synchronisation von Unternehmens- und Informatik-Strategie. - In: Kompetenz - Das Diebold Management Journal (1988) 3, S. 18 - 25
Gongla u. a. 88	Gongla, Patricia; Prentice, Robert; Ross, Rony; Sakamoto, Gene; Schumann, Matthias; Summers, Rita C.: Strategic Information Management Support (SIMS): Project Overview. Los Angeles: IBM Los Angeles Scientific Center, Report Nr. 1988-2829, April 1988
Gongla u. a. 89	Gongla, P.; Sakamoto, G.; Back-Hock, A.; Goldweic, P.; Ramos, L.; Sprows, R.; Kim, C.-K. : S*P*A*R*K: A Knowledge-based System for Identifying Competitive Uses of Information Technology. IBM Los Angeles Scientific Center, March 1989
Grochla 82	Grochla, Erwin: Grundlagen der organisatorischen Planung. Stuttgart 1982
Groh/Gutsch 82	Groh, Helmut; Gutsch, Roland W.: Netzplantechnik - Eine Anleitung zum Projektmanagement für Studium und Praxis. 3. Aufl., Düsseldorf 1982
Hansen 86	Hansen, Hans Robert: Wirtschaftsinformatik I - Einführung in die betriebliche Datenverarbeitung. 5. neubearb. u. erw. Auflage, Stuttgart 1986
Hegi 71	Hegi, O.: Projektmanagement, ein Fremdkörper in der Stab-Linien-Organisation. In: Industrielle Organisation (1971) 9, S. 381 - 384

Henderson/Sifonis 88	Henderson, John C.; Sifonis, John G.: The Value of Strategic IS Planning: Understanding, Consistency, Validity, and IS Markets. - In: MIS (1988) June, S. 187 - 200
Henderson u. a. 87	Henderson, John C.; Rockart, John F.; Sifonis, John G.: Integrating Management Support Systems into Strategic Information Systems Planning. - In: Journal of Management Information Systems (1987) Summer Nr. 1, S. 5 - 24
Hill u. a. 76	Hill, Wilhelm; Fehlbaum, Raymond; Ulrich, Peter: Organisationslehre 1, 2. Auflage, Bern-Stuttgart 1976
Hoch 87	Hoch, Detlev: Möglichkeiten und Grenzen strategieorientierter Wirtschaftlichkeitsbetrachtungen für große Systeminvestitionen. - In: Erfolgsfaktoren der integrierten Informationsverarbeitung, Proceedings Compas' 87, Berlin 6.-8.5.87; Berlin: 1987, S. 83 - 96
Hoffmann 86	Hoffmann, Friedrich: Kritische Erfolgsfaktoren - Erfahrungen in großen und mittelständischen Unternehmen. - In: Schmalenbachs Zeitschrift für betriebswirtschaftliche Forschung (1986) 10, S. 831 - 843
Holloway 89	Holloway, Simon: Methodology Handbook for Information Managers. Aldershot-Brookfield-Hong Kong-Singapore-Sydney 1989
Holthaus 88	Holthaus, Rainer: Der tägliche Kleinkrieg - Planung der Bürokommunikation für Fachabteilungen. - In: OM (1988) 4, S. 20 - 22
Hoyer 88	Hoyer, Rudolf: Organisatorische Voraussetzungen der Büroautomation - Rechnergestützte, prozeßorientierte Planung von Büroinformations- und -kommunikationssystemen. Berlin 1988, Reihe Betriebliche Informations- und Kommunikationssysteme, Bd. 11
Hoyer/Kölzer 87	Hoyer, Rudolf; Kölzer, Georg: Ansätze zur Planung eines innerbetrieblichen Informations- und Kommunikationssystems. - In: Hermann Krallmann (Hrsg.): Informationsmanagement auf der Basis integrierter Bürosysteme. 2., durchges. Aufl. Berlin: 1987, S. 25 - 40, Reihe Betriebliche Informations- und Kommunikationssysteme, Bd. 4
Hoyer/Strauch 88	Hoyer, Rudolf; Strauch, Petra: Methoden situationsgerecht auswählen und einsetzen. In: VDI - Gesellschaft Entwicklung Konstruktion Vertrieb (Hrsg.): Bürokommunikation '88, Erfahrungen, Tendenzen, Richtlinien, VDI-Berichte Nr. 716, Düsseldorf, 1988, S. 97 - 114

Ischebeck 89	Ischebeck, Wolfram: Betriebsübergreifende Informationssysteme. - In: IM (1989) 1, S. 22 - 26
I/S Analyzer 88a	o. V.: Establishing systems department credibility. Barbara Canning McNurlin (Hrsg.): I/S Analyzer (1988) 7
I/S Analyzer 88b	o. V.: Implementing a new system architecture. Barbara Canning McNurlin (Hrsg.): I/S Analyzer (1988) 10
Johnson 84	Johnson, James R.: Enterprise analysis. - In: Datamation (1984) December, S. 97 - 103
Kotler 82	Kotler, Philip: Marketing-Management - Analyse, Planung und Kontrolle. 4., völlig neubearbeitete Auflage, Stuttgart 1982
Krallmann 87	Krallmann, Hermann: Büroautomations- und -kommunikationssysteme: Stand und Entwicklungstendenzen. - In: Huch, Burkhard; Stahlknecht, Peter (Hrsg.): EDV-Anwendungen im Unternehmen. Fertigungs-, Vertriebs- und Managementsysteme. Frankfurt: 1987, S. 232 - 236
Kreikebaum 87	Kreikebaum, Hartmut: Strategische Unternehmensplanung. 2. Aufl., Stuttgart u. a. 1987
Lamprecht/Jackson 89	Lamprecht, Martin; Jackson, Ivan: Strategische Planung des Informationsservice. - In: IM (1989) 1, S. 28 - 35
Lederer/Sethi 88	Lederer, Albert L.; Sethi, Vijay: The implementation of strategic information systems planning methodologies. - In: MIS (1988) September, S. 444 - 461
Luchs/Müller 85	Luchs, R. A.; Müller, R.: Das PIMS-Programm - Strategien empirisch fundieren. - In: Strategische Planung (1985), S. 79 - 88
Madauss 84	Madauss, Bernd-J.: Projektmanagement. 2. Aufl., Stuttgart 1984
Martiny/Klotz 89	Martiny, Lutz; Klotz, Michael: Strategisches Informationsmanagement - Bedeutung und organisatorische Umsetzung. München-Wien 1989, Reihe Handbuch der Informatik, Bd. 12.1
McFarlan 84	McFarlan, F. Warren: Information Technology changes the way you compete. - In: HBR (1984) May/June, S. 98 - 103
McFarlan/McKenney 83	McFarlan, F. Warren; McKenney, James L.: The information archipelago - governing the new world. - In: HBR (1983) July/August, S. 91 - 99

McFarlan u. a. 83	McFarlan, F. Warren; McKenney, James L.; Pyburn, Philip: The information archipelago - plotting a course. - In: HBR (1983) January/February, S. 145 - 156
Mertens 85	Mertens, Peter: Zwischenbetriebliche Integration der EDV. - In: Informatik-Spektrum (1985) 2, S. 81 - 90
Mertens u. a. 86	Mertens, P.; Zeitler, P.; Schumann, M.; Koch, H.: Untersuchungen zum Kosten-Nutzen-Verhältnis der Büroautomation. - In: Krallmann, H. (Hrsg.): Planung, Einsatz und Wirtschaftlichkeitsnachweis von Büroinformations- und Kommunikationssysteme, Berlin 1986, S. 103 -1 34, Reihe Betriebliche Informations- und Kommunikationssysteme, Bd. 7
Meyer-Piening 88	Meyer-Piening, Arnulf: Informationsmanagement in erfolgreichen Firmen. - In: online (1988) 12, S. 18 - 23
Michel 87	Michel, Kay: Technologie im strategischen Management - Ein Portfolio-Ansatz zur integrierten Technologie- und Marktplanung. Berlin 1987. Reihe Technological economies, Bd. 26
Milberg 88	Milberg, Joachim: Wettbewerbsvorteile durch Stärkung der Integration. - In: Technische Rundschau (1988) 23, S. 20 - 31
Mockler 89	Mockler, Robert J.: Knowledge-based systems for strategic planning. Englewood Cliffs, New Jersey 1989
Nagel 88	Nagel, Kurt: Die sechs Erfolgsfaktoren des Unternehmens. 2. Aufl., Landsberg 1988
Nolan 79	Nolan, Richard L.: Managing the crises in data processing. - In: HBR (1979) March/April, S. 115 - 126
Parsons 83	Parsons, Gregory L.: Information technology: A new competetive weapon - In: SMR (1983) Fall, S. 3 - 14
Parsons 84	Parsons, Gregory L.: Information Technology: A new Competetive Weapon. - In: The McKinsey Quaterly (1984) Spring, S. 45 - 60
Pfeiffer 86	Pfeiffer, Peter: Anwendungsprobleme bei Methoden und Techniken des Projektmanagements - Ergebnisse einer empirischen Untersuchung. - In: Krüger, W. (Hrsg.): Projektmanagement in der Krise: Probleme und Lösungsansätze. Frankfurt/M.-Bern 1986, S. 201 - 288

Pfeiffer/Dögl 86 — Pfeiffer, W. / Dögl, R.: Das Technologie-Portfolio-Konzept zur Beherrschung der Schnittstelle Technik und Unternehmensstrategie. - In: Hahn, D.; B. Taylor, B. (Hrsg.): Strategische Unternehmensplanung. 4. Aufl., Heidelberg-Wien 1986, S. 149 - 177

Picot 88 — Picot, Arnold: Strategisches Informationsmanagement. - In: Siemens-Magezin COM (1988) 3, S. 11 - 15

Pietsch/Klotz 89 — Pietsch, Thomas; Klotz, Michael: Ersparnisanalyse als Entscheidungsgrundlage zur Einführung von Büroinformations- und -kommunikationssystemen. - In: Fuhrmann, Pietsch (Hrsg.): Praktische Anwendungen moderner Bürotechnologien. Berlin 1989, S. 175 - 207, Reihe Betriebliche Informations- und Kommunikationssysteme, Bd. 12

Porter 86 — Porter, Michael E.: Wettbewerbsvorteile: Spitzenleistungen erreichen und behaupten (competitive advantage). Frankfurt/M.-New York 1986

Porter 87 — Porter, Michael E.: Wettbewerbsstrategie. Methoden zur Analyse von Branchen und Konkurrenten (competitive strategy). 4. Aufl., Frankfurt/Main-New York 1987

Porter/Millar 86 — Porter, Michael E. / Millar, Victor E.: Wettbewerbsvorteil durch Information. - In: HMan (1986) 1, S. 26 - 35

Robens 86 — Robens, Herbert: Modell- und methodengestützte Entscheidungshilfen zur Planung von Produkt-Portfoliostrategien. Frankfurt/M. 1986

Rockart 79 — Rockart, John F.: Chief executives define their own data needs. - In: HBR (1979) March/April, S. 81 - 93

Rockart 82 — Rockart, John F.: The changing role ot the information systems executive: A critical success factors perspective. - In: SMR (1982) Fall, S. 3 - 13

Rockart/Crescenzi 84 — Rockart, John F.; Crescenzi, Adam D.: Engaging Top Management in information technology. - In: SMR (1984) Summer, S. 3 - 15

Sauerbrey 87 — Sauerbrey, Gerhard: Auswirkungen der Kommunikationsintegration auf die betriebliche Aufbau- und Ablauforganisation. - In: Erfolgsfaktoren der integrierten Informationsverarbeitung, Proceedings Compas' 87, Berlin 6.-8.5.87; Berlin 1987, S. 299 - 310

Scheer 87 — Scheer, August-Wilhelm: Betriebsübergreifende Vorgangsketten durch Vernetzung der Informationsverarbeitung. - In: IM (1987) 3, S. 56 - 63

Scheer 88	Scheer, August-Wilhelm: Unternehmensdatenmodell (UDM) als Grundlage integrierter Informationssysteme. - In: ZfB (1988) 10, S. 1091 - 1114
Scheer 89	Scheer, August-Wilhelm: Y-CIM-Informations Management. - In: CIM (1989) 5, S. 56 - 62
Schoeffler 75	Schoeffler, Sidney: Cross sectional study of strategy, structure and performance - Aspects of the PIMS program. SPI, Cambridge (Mass.) 1975
Schoeffler u. a. 74	Schoeffler, Sidney; Buzzell, Robert D.; Heany, Donald F.: Impact of strategic planning on profit performance. - In: HBR (1974) March/April, S. 137 - 145
Schumann/Hohe 88	Schumann, Matthias; Hohe, Uwe: Nutzeffekte strategischer Informationsverarbeitung. - In: Angewandte Informatik (1988) 12, S. 515 - 523
Schwalbach 86	Schwalbach, Joachim: Markteintrittsverhalten industrieller Unternehmen. - In: ZfB (1986) 8, S. 713 - 727
Sommerlatte 84	Sommerlatte, Tom: Von der klassischen Datenverarbeitung zur integrierten Infrastruktur. - In: VDI-Gesellschaft Entwicklung Konstruktion Vertrieb (Hrsg.): Bürokommunikation '87, Wege zum Erfolg in der Praxis, VDI-Berichte Nr. 663, Düsseldorf 1987, S. 1 - 3
Sommerlatte/Deschamps 86	Sommerlatte, Tom; Deschamps, Jean Philippe: Der strategische Einsatz von Technologien - Konzepte und Methoden zur Einbeziehung von Technologien in die Strategieentwicklung des Unternehmens. - In: Arthur D. Little International (Hrsg.): Management im Zeitalter der strategischen Führung. 2. Aufl. Wiesbaden 1986, S. 37 - 76
Spengler-Rast 88	Spengler-Rast, Christa: Die Fachabteilung ist aufgewacht. - In: OM (1988) 4, S. 14 - 18
Stange 71	Stange, K.: Angewandte Statistik, 2. Teil. Berlin-Heidelberg-New York 1971
Synnott/Gruber 81	Synnott, William R.; Gruber, William H.: Information Resource Management. Opportunities and strategies for the 1980s. New York-Chichester-Brisbane-Toronto-Singapore 1981
Tozer 88	Tozer, Edwin E.: Planning for effective business information systems. Oxford-New York-Bejiing-Frankfurt-Sao Paulo-Sydney-Tokyo-Toronto 1988

VDI-5015 87 VDI-Gesellschaft Entwicklung Konstruktion Vertrieb (Hrsg.) - 5015: VDI-Richtlinie 5015 (Entwurf), VDI-Gemeinschaftsausschuß Bürokommunikation, Ausschuß Technikbewertung, Düsseldorf 1987

Ward 86 Ward, John M.: Strategic information systems (IS) management. - In: Pat M. Griffiths (Hrsg.): Information management. Oxford-New York-Toronto-Sydney-Beijing-Frankfurt 1986. State of the Art Report 14:7, S. 148 - 158

Wieselhuber 83 Wieselhuber, Norbert: Phasen und Prozeß der strategischen Planung. - In: Töpfer, A.; Afheldt, H. (Hrsg.): Praxis der strategischen Unternehmensplanung. Frankfurt/M. 1983, S. 55 - 82

Wildemann 86 Wildemann, Horst: Just-in-Time-Lösungskonzepte in Deutschland. - In: HMan (1986) 1, S. 36 - 48

Zahn 87 Zahn, Erich: Strategische Planung und Innovationsmanagement - unter Berücksichtigung moderner Informations- und Kommunikationstechniken. - In: IBM Deutschland GmbH (Hrsg.): IBM-Hochschulkongreß '87, Dokumentationsband, München 1987, Vortrag Nr. 915

Zahn/Rüttler 89 Zahn, Erich; Rüttler, Martin: Informationsmanagement - Eine strategische Antwort auf kritische Herausforderungen der Unternehmensumwelt. - In: Controlling (1989) 1, S. 34 - 43

Register

T

U

V

W

Z

Betriebs- und Wirtschaftsinformatik

Herausgeber: **H. R. Hansen, H. Krallmann, P. Mertens, A.-W. Scheer, D. Seibt, P. Stahlknecht, H. Strunz, R. Thome**

Band 5: H. R. Hansen, W. L. Amsüss, N. S. Frömmer
Standardsoftware
Beschaffungspolitik, organisatorische Einsatzbedingungen und Marketing
1983. DM 54,–. ISBN 3-540-12332-6

Band 6: **W. Sinzig**, Walldorf
Datenbankorientiertes Rechnungswesen
Grundzüge einer EDV-gestützten Realisierung der Einzelkosten- und Deckungsbeitragsrechnung
3. Aufl. 1990. DM 78,– ISBN 3-540-51786-3

Band 8: **T. Noth, M. Kretzschmar**
Aufwandschätzung von DV-Projekten
Darstellung und Praxisvergleich der wichtigsten Verfahren
2. Auflage. 1985. DM 42,– ISBN 3-540-16069-8

Band 9: **J. Zentes** (Hrsg.)
Neue Informations- und Kommunikationstechnologien in der Marktforschung
1984. DM 40,–. ISBN 3-540-12906-5

Band 10: **H. Krallmann** (Hrsg.)
Lokale und öffentliche Netze
Interdependenzen, Erfahrungsberichte, Wirtschaftlichkeit und Entwicklungstendenzen
1984. DM 39,– ISBN 3-540-13357-7

Band 11: **W. Mülder**
Organisatorische Implementierung von computergestützten Personalinformationssystemen
Einführungsprobleme und Lösungsansätze
1984. DM 60,– ISBN 3-540-13360-7

Band 14: **N. Wittemann**
Produktionsplanung mit verdichteten Daten
1985. DM 64,– ISBN 3-540-15665-8

Band 15: **G. Diruf** (Hrsg.)
Logistische Informatik für Güterverkehrsbetriebe und Verlader
1985. DM 48,– ISBN 3-540-15692-5

Band 17: **A. Schulz** (Hrsg.)
Die Zukunft der Informationssysteme Lehren der 80er Jahre
Dritte gemeinsame Fachtagung der Österreichischen Gesellschaft für Informatik (ÖGI) und der Gesellschaft für Informatik (GI). Johannes Kepler Universität Linz, 16.–18. September 1986
1986. DM 106,– ISBN 3-540-16802-8

Band 18: **H. R. Göpfrich**
Bildschirmtext in der Ausbildung
Dargestellt am Beispiel der Wirtschaftsuniversität Wien
1987. DM 74,– ISBN 3-540-17175-4

Band 19: **M. Schumann**
Eingangspostbearbeitung in Bürokommunikationssystemen
Expertensystemansatz und Standardisierung
1987. DM 54,– ISBN 3-540-17369-2

Band 20: **T. Noth**
Unterstützung des Managements von Software-Projekten durch eine Erfahrungsdatenbank
1987. DM 69,– ISBN 3-540-17842-2

Band 21: **H. Demmer**
Datentransportkostenoptimale Gestaltung von Rechnernetzen
1987. DM 69,– ISBN 3-540-17919-4

Band 22: **J. Becker**
Architektur eines EDV-Systems zur Materialflußsteuerung
1987. DM 65,–. ISBN 3-540-18349-3

Band 23: **P. Haun**
Entscheidungsorientiertes Rechnungswesen mit Daten- und Methodenbanken
1987. DM 55,– ISBN 3-540-18418-X